Stefan Schäfer

40 x Epik analysieren in Stundenbildern 7/8

Komplettpaket mit Lehrerhinweisen, Unterrichtsverlauf und Lösungen zu jedem Text

Gedruckt auf umweltbewusst gefertigtem, chlorfrei gebleichtem und alterungsbeständigem Papier.

1. Auflage 2020
© 2020 Auer Verlag, Augsburg
AAP Lehrerfachverlage GmbH
Alle Rechte vorbehalten.

Das Werk als Ganzes sowie in seinen Teilen unterliegt dem deutschen Urheberrecht. Der Erwerber des Werks ist berechtigt, das Werk als Ganzes oder in seinen Teilen für den eigenen Gebrauch und den Einsatz im Unterricht zu nutzen. Die Nutzung ist nur für den genannten Zweck gestattet, nicht jedoch für einen weiteren kommerziellen Gebrauch, für die Weiterleitung an Dritte oder für die Veröffentlichung im Internet oder in Intranets. Eine über den genannten Zweck hinausgehende Nutzung bedarf in jedem Fall der vorherigen schriftlichen Zustimmung des Verlags.

Sind Internetadressen in diesem Werk angegeben, wurden diese vom Verlag sorgfältig geprüft. Da wir auf die externen Seiten weder inhaltliche noch gestalterische Einflussmöglichkeiten haben, können wir nicht garantieren, dass die Inhalte zu einem späteren Zeitpunkt noch dieselben sind wie zum Zeitpunkt der Drucklegung. Der Auer Verlag übernimmt deshalb keine Gewähr für die Aktualität und den Inhalt dieser Internetseiten oder solcher, die mit ihnen verlinkt sind, und schließt jegliche Haftung aus.

Covergestaltung: Kirstin Lenhart, München
Coverillustration: KannaA – Shutterstock.com
Illustrationen: Julia Flasche
Satz: tebitron gmbh, Gerlingen
Druck und Bindung: Korrekt Nyomdaipari Kft
ISBN 978-3-403-**08397**-9
www.auer-verlag.de

Inhaltsverzeichnis

Einleitung 6

1. Form von epischen Texten

Arbeitsblatt 1: Ein Erzählverhalten erkennen 7
▷ Kurt Marti: Happy End
Lehrkrafthinweise zum Arbeitsblatt 1 8

Arbeitsblatt 2: Darstellungsformen 9
▷ Gottfried Keller: Romeo und Julia auf dem Dorfe
Lehrkrafthinweise zum Arbeitsblatt 2 10

Arbeitsblatt 3: Indirekte Rede und innerer Monolog 11
▷ Burkhard Spinnen: Silvesterparty
Lehrkrafthinweise zum Arbeitsblatt 3 13

Arbeitsblatt 4: Zeitgestaltung untersuchen 14
▷ Wolfgang Borchert: Vielleicht hat sie ein rosa Hemd
Lehrkrafthinweise zum Arbeitsblatt 4 16

Arbeitsblatt 5: Schauplatz als Stimmungsraum wahrnehmen 17
▷ Adalbert Stifter: Abschied und Wanderung
Lehrkrafthinweise zum Arbeitsblatt 5 18

Arbeitsblatt 6: Innere und äußere Handlung unterscheiden 19
▷ Conny Lens: Seit Wochen
Lehrkrafthinweise zum Arbeitsblatt 6 21

Arbeitsblatt 7: Erzähltextaufbau 22
▷ Johann Peter Hebel: Kannitverstan
Lehrkrafthinweise zum Arbeitsblatt 7 24

Arbeitsblatt 8: Figurencharakteristik 25
▷ Heinrich von Kleist: Michael Kohlhaas
Lehrkrafthinweise zum Arbeitsblatt 8 26

Arbeitsblatt 9: Sprachbilder 27
▷ Franz Kafka: Die Bäume
Lehrkrafthinweise zum Arbeitsblatt 9 28

Arbeitsblatt 10: Sprache beschreiben 29
▷ Kurt Kusenberg: Schnell gelebt
Lehrkrafthinweise zum Arbeitsblatt 10 31

2. Arten von epischen Texten

Arbeitsblatt 11: Bericht 32
▷ Walther Kabel: Ein Mann, der von Gift lebte

Arbeitsblatt 12: Anekdote 33
▷ Imhoff-Pascha: „Bellen Sie!"
Lehrkrafthinweise zu den Arbeitsblättern 11 und 12 34

Arbeitsblatt 13: Witz 35
▷ E. T. A. Hoffmann: Vertrauen
▷ Johann Peter Hebel: Die Ohrfeige
Lehrkrafthinweise zum Arbeitsblatt 13 36

Arbeitsblatt 14: Schwank 37
▷ Gottfried Keller: Der Landvogt von Greifensee
Lehrkrafthinweise zum Arbeitsblatt 14 38

Inhaltsverzeichnis

    Arbeitsblatt 15: Fabel 39
        ▷ Martin Luther: Von der Stadtmaus und der Feldmaus
    Lehrkrafthinweise zum Arbeitsblatt 15. 40

    Arbeitsblatt 16: Kalendergeschichte 41
        ▷ Johann Peter Hebel: Der kluge Sultan
    Lehrkrafthinweise zum Arbeitsblatt 16. 42

    Arbeitsblatt 17: Legende. 43
        ▷ Klabund: Hieronymus
    Lehrkrafthinweise zum Arbeitsblatt 17. 44

    Arbeitsblatt 18: Parabel 45
        ▷ Giovanni Boccaccio: Ringparabel
    Lehrkrafthinweise zum Arbeitsblatt 18. 46

    Arbeitsblatt 19: Kurzgeschichte 47
        ▷ Julia Franck: Streuselschnecke
    Lehrkrafthinweise zum Arbeitsblatt 19. 49

    Arbeitsblatt 20: Jugendroman 50
        ▷ Käthe Recheis: Lena. Unser Dorf und der Krieg
    Lehrkrafthinweise zum Arbeitsblatt 20. 52

    Arbeitsblatt 21: Kriminalerzählung. 53
        ▷ Arthur Conan Doyle: Im Zeichen der Vier

    Arbeitsblatt 22: Abenteuererzählung. 54
        ▷ Karl May: Der Schatz im Silbersee
    Lehrkrafthinweise zu den Arbeitsblättern 21 und 22. 56

3. Themen in epischen Texten

    Arbeitsblatt 23: Gerechtigkeit I. 57
        ▷ Bertolt Brecht: Gerechtigkeitsgefühl

    Arbeitsblatt 24: Gerechtigkeit II 58
        ▷ Heinrich von Kleist: Sonderbarer Rechtsfall in England
    Lehrkrafthinweise zu den Arbeitsblättern 23 und 24. 59

    Arbeitsblatt 25: Wahrheit und Lüge 60
        ▷ Günter Kunert: Mann über Bord
    Lehrkrafthinweise zum Arbeitsblatt 25. 61

    Arbeitsblatt 26: Eifersucht 62
        ▷ Tanja Zimmermann: Eifersucht
    Lehrkrafthinweise zum Arbeitsblatt 26. 63

    Arbeitsblatt 27: Routine 64
        ▷ Franz Hohler: Morgen im Spital
    Lehrkrafthinweise zum Arbeitsblatt 27. 65

    Arbeitsblatt 28: Verlegenheit 66
        ▷ Walther Kabel: Die dummen gothaischen Hasen
    Lehrkrafthinweise zum Arbeitsblatt 28. 67

    Arbeitsblatt 29: Essen. 68
        ▷ Hans-Ulrich Treichel: Der Verlorene
    Lehrkrafthinweise zum Arbeitsblatt 29. 69

    Arbeitsblatt 30: Medien. 70
        ▷ Marie Luise Kaschnitz: Das letzte Buch
    Lehrkrafthinweise zum Arbeitsblatt 30. 71

Inhaltsverzeichnis

Arbeitsblatt 31: Flucht ... 72
  ▷ Hermann Schulz: Flucht durch den Winter
Lehrkrafthinweise zum Arbeitsblatt 31 ... 74

Arbeitsblatt 32: Unsinn ... 75
  ▷ Kurt Kusenberg: Nihilit
Lehrkrafthinweise zum Arbeitsblatt 32 ... 77

4. Umgang mit epischen Texten

Arbeitsblatt 33: Einen Paralleltext verfassen ... 78
  ▷ Peter Maiwald: Der Faden
Lehrkrafthinweise zum Arbeitsblatt 33 ... 79

Arbeitsblatt 34: Einen Text umschreiben ... 80
  ▷ Joachim Ringelnatz: Kuttel Daddeldu erzählt das Märchen vom Rotkäppchen
Lehrkrafthinweise zum Arbeitsblatt 34 ... 81

Arbeitsblatt 35: Einen Text produktiv bearbeiten ... 82
  ▷ Doris Dörrie: Es gibt da eine kleine Ente

Arbeitsblatt 36: Einen Text deuten ... 83
  ▷ Anna Seghers: Zwei Denkmäler
Lehrkrafthinweise zu den Arbeitsblättern 35 und 36 ... 84

Arbeitsblatt 37: Über einen Erzähltext schmunzeln I ... 85
  ▷ Heinrich von Kleist: Charité-Vorfall
Lehrkrafthinweise zum Arbeitsblatt 37 ... 86

Arbeitsblatt 38: Über einen Erzähltext schmunzeln II ... 87
  ▷ Franz Hohler: Der Verkäufer und der Elch
Lehrkrafthinweise zum Arbeitsblatt 38 ... 88

Arbeitsblatt 39: Einen Erzähltext in Szene setzen I ... 89
  ▷ Reiner Kunze: Ordnung

Arbeitsblatt 40: Einen Erzähltext in Szene setzen II ... 90
  ▷ Johann Peter Hebel: Der Barbierjunge von Segringen
Lehrkrafthinweise zu den Arbeitsblättern 39 und 40 ... 91

Quellenverzeichnis ... 92

Register ... 94

Einleitung

Der vorliegende Band enthält 40 Arbeitsblätter zum Umgang mit epischen Texten in **vier Rubriken**:

- **Form von Texten:** Im Mittelpunkt stehen Einzelaspekte der Erzähltechnik, wie sie gewöhnlich für Interpretationen wichtig sind (Erzählerverhalten, Zeitgestaltung, …).
- **Art von Texten:** Fokussiert werden etablierte Genres, wie sie entweder formal (z. B. Anekdote) und/oder inhaltlich-thematisch (z. B. Satire) etabliert sind.
- **Themen in Texten:** Präsentiert werden die Texte vorrangig wegen ihres Themas.
- **Umgang mit Texten:** Behandelt bzw. angesprochen werden Zugangsmöglichkeiten, die über das einfache Lesen hinausgehen und zum besseren Verständnis beitragen.

Durch diese Rubriken soll nicht nur die Orientierung erleichtert werden, sondern es sollen auch verschiedene Zugriffsmöglichkeiten auf die Texte aufgezeigt werden. Selbstverständlich sind die Grenzen zwischen den Rubriken dabei nicht immer trennscharf zu ziehen.
Innerhalb der Rubriken werden gelegentlich Progressionen abgebildet, auf die dann in den Lehrkrafthinweisen zu den entsprechenden Arbeitsblättern hingewiesen wird.

Zu allen Arbeitsblättern gibt es **Lehrkrafthinweise**. Diese sind stets gleich aufgebaut. In den Sachinformationen finden sich Hinweise zu relevanten Aspekten des Textes und des Autors. Es wird sodann ein möglicher Unterrichtsablauf vorgestellt, der außer den Lösungen zu den Aufgaben auch Hinweise zur Didaktik sowie oft auch weiterführende Hinweise enthält, die auf ergänzende Bearbeitungsmöglichkeiten (gelegentlich auch fächerübergreifend) aufmerksam machen.

Die Arbeitsblätter sind dabei vergleichsweise **flexibel einsetzbar**. Die meisten der Texte sind rasch erschlossen und lassen sich dann auch unter sehr gezielten Aspekten weiter bearbeiten, sodass man ein Arbeitsblatt auch einmal als Ergänzung oder als Stundeneinstieg in zehn Minuten behandeln kann. Inhaltlich sind die Arbeitsblätter so gestaltet, dass **alle lehrplanrelevanten Inhalte** zum Bereich Epik mehrfach abgedeckt sind. Das heißt, wenn (fast) alle Arbeitsblätter im Laufe der Klassen 7 und 8 behandelt worden sind, haben die Schüler alle wesentlichen Fachbegriffe der Erzähltextanalyse nicht nur gehört, sondern auch zumindest einmal wiederholt.

Die Lehrplanrelevanz war denn auch wichtiges Kriterium bei der **Auswahl der Texte**. Ein weiteres wichtiges Kriterium war die Qualität der Texte sowie deren Unbekanntheit. In der Schule werden ja oft dieselben Texte (Kurzgeschichten) behandelt. Dafür gibt es einerseits gute Gründe: Sehr gute oder gar herausragende Texte gibt es eben nicht unbegrenzt, schon gar nicht für schulische Zwecke, d. h. in dem für die jeweilige Jahrgangsstufe passenden Niveau und angemessenen Thema. Andererseits sollte man die Suche nach neuen, interessanten Texten natürlich auch nie einstellen, sodass in diesen Band nach Möglichkeit auch weniger bekannte Texte und Autoren Eingang finden sollten, sofern dies die Angemessenheit und Qualität erlaubte. Wo dies dagegen nicht möglich war, wurde umgekehrt bewusst ein bewährter Text zur Behandlung vorgeschlagen.

Viel Erfolg bei der Arbeit mit *40 x Epik analysieren in Stundenbildern 7/8*!

Stefan Schäfer

Arbeitsblatt 1

Ein Erzählverhalten erkennen

Kurt Marti: Happy End

Sie umarmen sich, und alles ist wieder gut. Das Wort ENDE flimmert über ihrem Kuss. Das Kino ist aus. Zornig schiebt er zum Ausgang, sein Weib bleibt im Gedränge hilflos stecken, weit hinter ihm. Er tritt auf die Straße und bleibt nicht stehen, er geht, ohne zu warten, er geht voll Zorn, und die Nacht ist dunkel. Atemlos, mit kleinen, verzweifelten Schritten holt sie ihn schließlich ein und
5 keucht zum Erbarmen. Eine Schande, sagt er im Gehen, eine Affenschande, wie du geheult hast. Sie keucht. Mich nimmt nur Wunder warum, sagt er. Sie keucht. Ich hasse diese Heulerei, sagt er, ich hasse das. Sie keucht noch immer. Schweigend geht er und voll Wut, so eine Gans, denkt er, so eine blöde, blöde Gans, und wie sie keucht in ihrem Fett. Ich kann doch nichts dafür, sagt sie endlich, ich kann doch wirklich nichts dafür, es war so schön, und wenn es schön ist, muss ich
10 einfach heulen. Schön, sagt er, dieser Mist, dieses Liebesgewinsel, das nennst du also schön, dir ist ja wirklich nicht zu helfen. Sie schweigt und geht und keucht und denkt, was für ein Klotz von Mann, was für ein Klotz.

1. Lest den Text „Happy End" von Kurt Marti und kreuzt an, aus welcher Perspektive er geschrieben ist.

    ☐ personale Er-Erzählung (aus der Sicht der Frau)

    ☐ personale Er-Erzählung (aus der Sicht des Mannes)

    ☐ auktoriale Er-/Sie-Erzählung

Info: Erzählverhalten

- **auktoriales Erzählen:** Der Erzähler hat einen Überblick über das Geschehen und das Innere der Figuren (= allwissender Erzähler), er kann sich einmischen, kommentieren usw. und damit die Sicht- und Wahrnehmungsweise des Erzählten lenken; sein Standort liegt außerhalb des Geschehens.
- **personales Erzählen:** Der Erzähler übernimmt eine Figurenperspektive und erzählt aus deren Sicht; er ist am Geschehen beteiligt – sowohl der Er-/Sie-Erzähler als auch der Ich-Erzähler können jeweils auktorial oder personal erzählen.
- **neutrales Erzählen:** Der Erzähler scheint ganz zu verschwinden; das Geschehen wird dem Leser scheinbar unvermittelt vor Augen gestellt.

2. Gebt den folgenden Textauszug aus der Sicht der Frau (als personale Ich-Erzählung) wieder. Arbeitet auf einem gesonderten Blatt.

    Zornig schiebt er zum Ausgang, sein Weib bleibt im Gedränge hilflos stecken, weit hinter ihm. Er tritt auf die Straße und bleibt nicht stehen, er geht, ohne zu warten, er geht voll Zorn, und die Nacht ist dunkel.

3. Schildert die Gedanken der Frau in einem kurzen inneren Monolog. Knüpft direkt an den Text an. Arbeitet auf einem gesonderten Blatt.

4. Diskutiert und begründet, ob es sich bei der Geschichte „Happy End" um eine Kurzgeschichte handelt.

Lehrkrafthinweise zum Arbeitsblatt 1

Sachinformationen

Kurt Marti (1921–2017) war ein Schweizer Pfarrer und Schriftsteller. Mit seinen „Dorfgeschichten" aus dem Jahr 1960, zu denen auch der vorliegende Text „Happy End" gehört, erlangte er breite Bekanntheit, nicht zuletzt, weil er die Alltagsnöte und Sorgen der Menschen aus seinem Pfarrbezirk im Aargau beschrieb, die, wie es Marti einmal selbst formulierte, „zu kurz kommen, ungerecht behandelt werden, sozial und ökonomisch schlecht dran sind". Aber auch als Lyriker, und hier vor allem mit dem Band „Rosa Loui. Vierzg Gedicht ir Bärner Umgangssprach" aus dem Jahr 1967, machte sich Marti einen Namen.

Möglicher Unterrichtsverlauf

Einstieg

Man könnte zunächst mit den Schülern über ihre Erwartungen an eine Geschichte mit dem Titel „Happy End" sprechen, die im zweiten Schritt nach der Lektüre mit den ersten Leseeindrücken verglichen werden könnten. Klar sein muss mit Blick auf das Textverständnis, dass der Satz „Sie umarmen sich, und alles ist wieder gut." das Happy End eines Filmes ist, den der Mann und die Frau gemeinsam gesehen haben und der nun den Ausgangspunkt für die folgende Geschichte darstellt, die gerade ohne Happy End bleibt.

Erarbeitung Aufgabe 1

Der Bearbeitung der Aufgabe sollte natürlich die Lektüre des Info-Kastens vorausgehen.
Lösungsvorschlag – Es handelt sich um eine auktoriale Er-/Sie-Erzählung.

Erarbeitung Aufgabe 2

Wichtig ist, dass sich die Schüler klarmachen, was ein personaler Erzähler (eigentlich) nicht wissen kann, hier konkret der Zorn des Mannes, wenn aus der Sicht der Frau erzählt wird.
Lösungsvorschlag – Während ich im Gedränge zurückbleibe, schiebt er zum Ausgang. Selbst von hinten kann ich sehen, dass er zornig ist. Ich falle immer weiter zurück. Auch am Ausgang wartet er nicht auf mich, sondern tritt auf die Straße. Immer noch scheint er wütend zu sein. Die Nacht ist dunkel.

Erarbeitung Aufgabe 3

Hier steht der Kontrast zwischen innerem Monolog und personalem Erzählen im Mittelpunkt. Vor der Bearbeitung der Aufgabe durch die Schüler wären kurz die Merkmale des inneren Monologs zu wiederholen (Ich-Perspektive, Präsens, Darstellung der Gedanken und Gefühle, umgangssprachliche bzw. einfache Sprache).
Lösungsvorschlag – Der innere Monolog könnte so beginnen: Was für ein Klotz von Mann! Er versteht mich einfach nicht. Und deshalb ist bei uns auch alles so anders als im Film …

Erarbeitung Aufgabe 4

Die Aufgabe bietet sich auch zur Bearbeitung in Partner- oder Gruppenarbeit an. – Vgl. zu den Merkmalen von Kurzgeschichten dann auch Arbeitsblatt 19.
Lösungsvorschlag – Die Geschichte „Happy End" erfüllt alle Kriterien einer Kurzgeschichte: geringer Umfang; unvermittelter Einstieg und offenes Ende; nur wenige Figuren, über die man nur das Notwendigste erfährt; nur knappe Angaben zum Ort und zur Zeit; sprachlich einfach und an der Alltagssprache orientiert.

Weiterführende Hinweise

In Erweiterung von Aufgabe 3 könnten die Schüler auch noch die Perspektive des Mannes einnehmen und aus seiner Sicht einen inneren Monolog verfassen.

Arbeitsblatt 2
Darstellungsformen

Gottfried Keller: Romeo und Julia auf dem Dorfe (Anfang)

Diese Geschichte zu erzählen würde eine müßige Nachahmung sein, wenn sie nicht auf einem wirklichen Vorfall beruhte, zum Beweise, wie tief im Menschenleben jede jener Fabeln wurzelt, auf welche die großen alten Werke gebaut sind. Die Zahl solcher Fabeln ist mäßig; aber stets treten sie in neuem Gewande wieder in die Erscheinung und zwingen alsdann die Hand, sie
5 festzuhalten.
An dem schönen Flusse, der eine halbe Stunde entfernt an Seldwyl vorüberzieht, erhebt sich eine weitgedehnte Erdwelle und verliert sich, selber wohlbebaut, in der fruchtbaren Ebene. Fern an ihrem Fuße liegt ein Dorf, welches manche große Bauernhöfe enthält, und über die sanfte Anhöhe lagen vor Jahren drei lange Äcker weit hingestreckt gleich drei riesigen Bändern nebeneinander.
10 An einem sonnigen Septembermorgen pflügten zwei Bauern auf zweien dieser Äcker, und zwar auf jedem der beiden äußersten; der mittlere schien seit langen Jahren brach und wüst zu liegen [...]

1. Erklärt mündlich, was im 1. Absatz gesagt wird: Warum wird „Romeo und Julia auf dem Dorfe" erzählt?

Gottfried Keller: Romeo und Julia auf dem Dorfe (Schluss)

[...] Der Fluss zog bald durch hohe dunkle Wälder, die ihn überschatteten, bald durch offenes Land; bald an stillen Dörfern vorbei, bald an einzelnen Hütten; hier geriet er in eine Stille, dass er einem ruhigen See glich und das Schiff beinah stillhielt, dort strömte er um Felsen und ließ die schlafenden Ufer schnell hinter sich; und als die Morgenröte aufstieg, tauchte zugleich eine Stadt
5 mit ihren Türmen aus dem silbergrauen Strome. Der untergehende Mond, rot wie Gold, legte eine glänzende Bahn den Strom hinauf und auf dieser kam das Schiff langsam überquer gefahren. Als es sich der Stadt näherte, glitten im Froste des Herbstmorgens zwei bleiche Gestalten, die sich fest umwanden, von der dunklen Masse herunter in die kalten Fluten.
Das Schiff legte sich eine Weile nachher unbeschädigt an eine Brücke und blieb da stehen. Als
10 man später unterhalb der Stadt die Leichen fand und ihre Herkunft ausgemittelt hatte, war in den Zeitungen zu lesen, zwei junge Leute, die Kinder zweier blutarm zugrunde gegangener Familien, welche in unversöhnlicher Feindschaft lebten, hätten im Wasser den Tod gesucht, nachdem sie einen ganzen Nachmittag herzlich miteinander getanzt und sich belustigt auf einer Kirchweih. Es sei dies Ereignis vermutlich in Verbindung zu bringen mit einem Heuschiff aus jener Gegend,
15 welches ohne Schiffleute in der Stadt gelandet sei, und man nehme an, die jungen Leute haben das Schiff entwendet, um darauf ihre verzweifelte und gottverlassene Hochzeit zu halten, abermals ein Zeichen von der um sich greifenden Entsittlichung und Verwilderung der Leidenschaften.

Info: Darstellungsformen
- **Bericht:** straffe, geraffte Darstellung der Handlung in zeitlicher Abfolge
- **Beschreibung:** anschauliche Darstellung z. B. von Schauplätzen, Figuren, Gegenständen
- **szenische Darstellung:** ähnlich der Szene im Drama wird zeitdeckend erzählt, meist mit hohem Anteil an Figurenrede
- **Kommentar:** Eingreifen des Erzählers mit Bemerkungen, Urteilen oder Überlegungen

2. Prüft, welche Darstellungsformen sich am Novellenanfang und -schluss nachweisen lassen.

3. Auch im letzten Absatz des Textes wird kommentiert. Erklärt, wie sich dieser Kommentar vom Kommentar des Erzählers am Anfang unterscheidet.

Lehrkrafthinweise zum Arbeitsblatt 2

Sachinformationen

Die Novelle „Romeo und Julia auf dem Dorfe" ist mit „Kleider machen Leute" die wohl bekannteste Erzählung aus dem Novellenzyklus „Die Leute von Seldwyla" des Schweizer Dichters Gottfried Keller (1819–1890). Die Novelle hatte Keller bereits 1847 konzipiert, dann 1855/56 ausgearbeitet und erstmals veröffentlicht, danach aber nochmals überarbeitet; ihre heutige Form erreichte die Novelle dann erst 1875. Vgl. zu Gottfried Keller auch das Arbeitsblatt 14.

G. Keller 1860

Möglicher Unterrichtsverlauf

Einstieg

Mit den Schülern könnte zunächst über ihr Vorwissen zum Romeo-und-Julia-Stoff gesprochen werden, den die Schüler wahrscheinlich in der einen oder anderen Form schon kennengelernt haben. Sollte der Stoff dagegen nicht in den zentralen Grundzügen bekannt sein (Liebe zweier junger Menschen aus verfeindeten Häusern, die für die Liebenden tödlich endet), sollte der Stoff kurz recherchiert werden (es gibt zum Romeo-und-Julia-Stoff eine eigene Wikipedia-Seite: https://de.wikipedia.org/wiki/Romeo_und_Julia_(Stoff)).
Mit Blick auf Aufgabe 1 wäre insbesondere William Shakespeares (1564–1616) Drama „Romeo und Julia" von 1598 zu erwähnen, auf das sich Keller im ersten Absatz nicht zuletzt bezieht.

Erarbeitung Aufgabe 1

Der Erzählerkommentar (vgl. auch Aufgabe 2) ist nicht einfach zu verstehen. Mit entsprechender Hinführung zum Text (siehe die Hinweise zum Einstieg) sollte es aber gelingen. Es könnten zudem Leistungsstärkere mit -schwächeren zusammenarbeiten.
Lösungsvorschlag – Die Novelle wird erzählt, weil sich die Geschichte wirklich zugetragen hat, das heißt das Leben hier eine „Fabel" (Geschichte) bestätigt, auf dem große Dichtungen der Vergangenheit beruhen.

Erarbeitung Aufgabe 2

Auch hier könnte ggf. wieder zu zweit gearbeitet werden. – Ergänzend zur Aufgabe könnte nach einem Textbeispiel gesucht werden, in dem das szenische Erzählen vorherrschend ist (wie etwa in der Kurzgeschichte „Vielleicht hat sie ein rosa Hemd" von Wolfgang Borchert, vgl. Arbeitsblatt 4).
Lösungsvorschlag – Folgende Darstellungsformen finden sich: Kommentar (1. Absatz des Anfangs), Beschreibungen (2. Absatz des Anfangs und 1. Absatz des Schlusses) sowie Bericht (2. Absatz des Schlusses)

Erarbeitung Aufgabe 3/Weiterführender Hinweis

Die Aufgabe ließe sich dadurch erweitern, dass die Schüler die indirekt wiedergegebene Passage aus der Zeitung in direkte Rede umformen (siehe unten).
Lösungsvorschlag – Teil des Erzählerberichtes ist am Ende die Wiedergabe eines Kommentars aus der Zeitung, d.h. es kommentiert nicht der Erzähler selbst.

<u>Zeitungskommentar in direkter Rede</u>

Zwei junge Leute, […], haben im Wasser den Tod gesucht, nachdem sie einen ganzen Nachmittag herzlich miteinander getanzt und sich belustigt auf einer Kirchweih. Es ist dies Ereignis vermutlich in Verbindung zu bringen mit einem Heuschiff aus jener Gegend, welches ohne Schiffleute in der Stadt gelandet ist, und es ist anzunehmen, dass die jungen Leute das Schiff entwendet haben, um darauf ihre verzweifelte und gottverlassene Hochzeit zu halten, was abermals ein Zeichen von der um sich greifenden Entsittlichung und Verwilderung der Leidenschaften ist.

Arbeitsblatt 3

Indirekte Rede und innerer Monolog

Burkhard Spinnen: Silvesterparty

Bei der wie üblich auch in diesem Jahr Ende August, Anfang September zur Aufzeichnung produzierten Fernseh-Silvesterparty ist es, nach inoffiziellen Berichten, im Verlauf der Dreharbeiten zu einer Art Stimmungsexplosion gekommen, die beinahe das Ganze gefährdet hätte. Gründe dafür, heißt es, könne keiner angeben. Zwar habe wie in jedem Jahr für die zirka dreihundert als Partygäste fungierenden Statisten ein gewaltiges kaltes Buffet bereitgestanden und Sekt, Bier und Wein seien leidlich freizügig ausgeschenkt worden; dennoch habe es anfangs, wie üblich, der Aufmunterung durch das ganze Team bedurft, damit sich alle silvesterlich angeregt gaben. Und verständlicherweise! Denn das Geschehen, das später wie ein einziges erscheint, hochgradig beschwingt und geradezu atemlos, ist in Wahrheit vielfach unterbrochen: hin und wieder müssen die Playback-Auftritte der Künstler gestoppt und neu gestartet werden; der Umbau der Bühnen, obwohl von Fachleuten bewerkstelligt, dauert; Pannen bleiben nicht aus; und manchmal geschieht minutenlang gar nichts.

Wie also sich einen Reim auf die Ereignisse machen? Um zwei Uhr nachmittags hatten die Dreharbeiten begonnen; und gegen sieben formierte sich plötzlich und an einem Ort, der gerade nicht im Bild war, völlig entgegen den Anweisungen eine laut singende Polonaise. Man habe sie gewähren lassen, dem Ton tat es ja keinen Abbruch. Aber wenige Minuten später schlossen sich zum Erschrecken des Teams auch die an, die zuvor klatschend und sich wiegend um eine Skiffle-Band gestanden hatten; und umgehend war der Ort so verwaist, dass die Szene abgebrochen werden musste. Die besorgten Aufnahmeleiter seien da noch einen Moment lang vom Regisseur, der es für einen Scherz hielt, zurückgehalten worden; doch kurz darauf musste auch er gestehen, dass alles aus dem Ruder lief.

Gruppen von Statisten nahmen jetzt die umherliegenden Instrumente auf, andere wussten sie richtig an die Verstärker zu schließen und es setzte an mehreren Orten zugleich eine improvisierte Musik ein, zu der ausschweifend getanzt wurde. Hier und da zog man auch die vor den Garderoben auf ihren Einsatz wartenden Künstler, manche gegen ihren Willen, in die Mitte. Eine junge Chansonette zwang man, auf einen Stehtisch zu steigen und laut zu singen, worauf einige Männer ihren Rock nach Art der Flamenco-Tänzer in die Luft zu werfen suchten und dabei im Rund gemeinsam auf die Tischplatte klopften. Ein populäres Duo musste seinen größten Erfolg ohne Pause wiederholen. Anderswo stiegen mit einem Mal Hunderte von Ballons empor und zerplatzen an den heißen Scheinwerfern unter dem Studiodach. Und keine Rufe, keine Drohung über die Hallenlautsprecher vermochten alldem Einhalt zu gebieten.

Hundert oder hundertzwanzig Minuten habe es gedauert, es existierten Bilder davon, ein Kameramann habe sie heimlich aus der Hand geschossen, doch gebe man die, heißt es, auf keinen Fall frei. Kurz nach neun hätten sich dann plötzlich die Statisten wieder beruhigt und, den Anweisungen gemäß, im Studio verteilt. Der Regisseur habe geistesgegenwärtig der Vorfälle keine Erwähnung getan, sondern man sei nach kurzen Aufräumarbeiten im Drehen fortgefahren und habe es auch, mit der entsprechenden Verspätung, tief in der Nacht zu einem glücklichen Ende gebracht.

1. Fasst mündlich zusammen, was geschehen ist.

2. Erläutert, wie der Erzähler deutlich macht, dass er nicht selbst an dem Ereignis teilgenommen genommen hat.

Form von epischen Texten

Arbeitsblatt 3

Indirekte Rede und innerer Monolog

3. Gebt die folgende Textstelle in Form der direkten Rede wieder (Ein Beobachter sagte: „..."). Arbeitet auf einem gesonderten Blatt.

Man habe sie gewähren lassen, dem Ton tat es ja keinen Abbruch. Aber wenige Minuten später schlossen sich zum Erschrecken des Teams auch die an, die zuvor klatschend und sich wiegend um eine Skiffle-Band gestanden hatten [...]. Die besorgten Aufnahmeleiter seien da noch einen Moment lang vom Regisseur, der es für einen Scherz hielt, zurückgehalten worden; doch kurz darauf musste auch er gestehen, dass alles aus dem Ruder lief.

Info: **Figurenrede**

Neben der direkten Rede kommen in epischen Texten noch andere Formen der Figurenrede vor:

direkte Rede	indirekte Rede	innerer Monolog
Der Regisseur sagte: „Geistesgegenwärtig wie ich war, habe ich die Vorfälle nicht erwähnt."	Der Regisseur habe geistesgegenwärtig der Vorfälle keine Erwähnung getan.	Ja, was war jetzt das? Aber besser ich erwähne das jetzt gar nicht und mache einfach weiter. Ja, so mache ich es!

4. Was geht im Regisseur während der Entgleisung der Statisten vor? Schreibt einen inneren Monolog aus seiner Sicht. Arbeitet auf einem gesonderten Blatt.

5. Stellt dar, wie sich Realität und Fernsehsendung im beschriebenen Fall verhalten. Ergänzt dazu die Tabelle.

Realität	Fernsehsendung
•	• Silvester, Winter
• Playback-Auftritte	•
•	•
•	•
•	•

6. Begründet, welche Absicht Spinnen mit seinem Text verfolgt. Geht in der Antwort auf die Frage ein, warum es über den Vorfall nur „inoffizielle Berichte" gibt und weshalb die heimlichen Aufnahmen „auf keinen Fall" freigegeben werden.

___

___

___

___

Form von epischen Texten

Lehrkrafthinweise zum Arbeitsblatt 3

Sachinformationen

Die Kurzgeschichte „Silvesterparty" des deutschen Schriftstellers Burkhard Spinnen (* 1956) ist 1996 in seinem Erzählband „Trost und Reserve" erschienen.

Möglicher Unterrichtsverlauf

Einstieg/Erarbeitung Aufgabe 1

Nach der Lektüre könnten die Schüler zunächst ihre ersten Eindrücke austauschen. Anschließend könnte ein Schüler das Geschehen knapp zusammenfassen; die anderen Schüler helfen und verbessern ihn ggf.
Lösungsvorschlag – Die Geschichte erzählt von einer Silvesterparty, die für das Fernsehen deutlich vor Silvester arrangiert und aufgezeichnet wird. Bei dieser Aufzeichnung kommt es zu einer längeren Unterbrechung, weil die Statisten auf einmal wirklich feiern und nicht mehr dem Drehbuch folgen. Erst nach rund zwei Stunden können die Dreharbeiten wieder fortgesetzt werden.

Erarbeitung Aufgaben 2 und 3

Durch Aufgabe 2 soll auch deutlich werden, dass der Erzähler in Teilen nur zitiert (vgl. Aufgabe 3).
Lösungsvorschlag – *Aufgabe 2:* Der Erzähler beruft sich auf „inoffizielle Berichte"; er distanziert sich vom Geschehen durch häufigen Gebrauch des Konjunktiv I und den zweimaligen Hinweis „heißt es". – *Aufgabe 3:* Ein Beobachter sagte: „Man hat sie gewähren lassen, dem Ton tat es ja keinen Abbruch. Aber wenige Minuten später schlossen sich zum Erschrecken des Teams auch die an, die zuvor klatschend und sich wiegend um eine Skiffle-Band gestanden hatten […]. Die besorgten Aufnahmeleiter sind da noch einen Moment lang vom Regisseur, der es für einen Scherz hielt, zurückgehalten worden; doch kurz darauf musste auch er gestehen, dass alles aus dem Ruder läuft."

Erarbeitung Aufgabe 4

Hier wäre zunächst die Form des inneren Monologs mithilfe des Info-Kastens zu besprechen. Beschrieben werden sollte, wie der Regisseur erkennt, dass die Dinge „aus dem Ruder laufen", und was dabei in ihm vorgeht (ob das Wut, Erstaunen, Hilflosigkeit usw. ist, kann den Schülern überlassen bleiben).

Erarbeitung Aufgabe 5

Die Kontrastierung von Realität und Fernsehen bereitet auf die sich anschließende Deutungsfrage (Aufgabe 6) vor; vgl. auch die Hinweise zu Aufgabe 6.

Realität	Fernsehsendung
• Spätsommer	• Silvester, Winter
• Playback-Auftritte	• Fernsehsendung
• vielfach unterbrochen	• „Live"-Auftritte
• Pannen	• geschlossenes Geschehen, reibungsloser Ablauf
• Statisten	• „Gäste"
• Ermunterung durch das Team	• stimmungsvoll

Erarbeitung Aufgabe 6

Leistungsstärkere könnten als Schreibübung zunächst das Verhältnis von Realität und Fernsehen schriftlich darstellen und daraus dann die Absicht ableiten und erklären.
Lösungsvorschlag – Spinnen möchte, auf unterhaltsame Weise, auf die „Verfremdung" der Wirklichkeit durch das Fernsehen aufmerksam machen. Offizielle Berichte kämen dem Eingeständnis der Fernsehleute gleich, dass sie die Zuschauer bewusst täuschen und eine künstliche Stimmung zeigen (die „echte" Stimmung ist nicht fernsehfähig).

Form von epischen Texten

Arbeitsblatt 4

Zeitgestaltung untersuchen

Wolfgang Borchert: Vielleicht hat sie ein rosa Hemd

Die beiden saßen auf dem Brückengeländer. Ihre Hosen waren dünn und das Brückengeländer war eisig. Aber da gewöhnte man sich dran. Auch dass es so drückte. Sie saßen da. Es regnete, es regnete nicht, es regnete. Sie saßen und hielten Parade ab. Und weil sie einen Krieg lang nur Männer gesehen hatten, sahen sie jetzt nur Mädchen.

5 Eine ging vorbei.
Hat einen ganz schönen Balkon. Kann man auf Kaffee trinken, sagte Timm.
Und wenn sie so lange in der Sonne rumläuft, wird die Milch sauer, grinste der andere.
Dann kam noch eine.
Steinzeit, resignierte der neben Timm.
10 Alles voll Spinngewebe, sagte der.
Dann kamen Männer. Die kamen ohne Kommentar davon. Schlosserlehrlinge, Büroangestellte mit weißer Haut, Volksschullehrer mit genialen Gesichtern und schäbigen Hosen, dicke Männer mit dicken Beinen, Asthmatiker und Straßenbahner mit Feldwebelschritt.
Und dann kam sie. Sie war ganz anders. Man hatte das Gefühl, sie müsse nach Pfirsich riechen.
15 Oder nach ganz sauberer Haut. Sicher hatte sie einen besonderen Namen: Evelyne – oder so.
Dann war sie vorbei. Die beiden sahen hinterher.
Vielleicht hat sie ein rosa Hemd, meinte Timm dann.
Warum, sagte der andere.
Doch, antwortete Timm, die so sind, die haben meistens ein rosa Hemd.
20 Blöde, sagte der andere, sie kann ebenso gut ein blaues haben.
Kann sie eben nicht, du, kann sie eben nicht. Solche haben rosane. Das weiß ich ganz genau, mein Lieber. Timm wurde ganz laut, als er das sagte.
Da sagte der neben ihm: Du kennst wohl eine?
Timm sagte nichts. Sie saßen da und das Brückengeländer war eisig durch die dünnen Hosen.
25 Da sagte Timm:
Nein, ich nicht. Aber ich kannte mal einen, der hatte eine mitn rosa Hemd. Beim Kommiss[1]. In Russland. In seiner Brieftasche hatte er immer son Stück rosa Zeug. Aber das ließ er nie sehen. Aber einen Tag fiel es auf die Erde. Da haben es alle gesehen. Aber gesagt hat er nichts. Nur angelaufen ist er. Wie das Stück Zeug. Ganz rosa. Abends hat er mir dann erzählt, das hätte er von seiner Braut.
30 Als Talisman, weißt du. Sie hat nämlich lauter rosa Hemden, hat er gesagt. Und davon ist es.
Timm hörte auf.
Na und?, fragte der andere.
Da sagte Timm ganz leise: Ich hab es ihm weggenommen. Und dann hab ich es hochgehalten. Und wir haben alle gelacht. Mindestens eine halbe Stunde haben wir gelacht. Und was die für
35 Dinger gesagt haben, kannst du dir denken.
Und da?, fragte der neben Timm.
Timm sah auf die Knie. Er hat es weggeworfen, sagte er. Und dann sah Timm den andern an: Ja, sagte er, er hat es weggeworfen, und dann hat es ihn erwischt. Am nächsten Tag hat es ihn schon erwischt.
40 Sie sagten nichts. Saßen da so und sagten nichts. Aber dann sagte der andere: Blödsinn. Und er sagte es noch einmal. Blödsinn, sagte er.
Ja, ich weiß, sagte Timm. Natürlich ist es Blödsinn. Das ist ja ganz klar. Das weiß ich auch. Und dann sagte er noch: Aber komisch, weißt du, komisch ist es doch.
Und Timm lachte. Sie lachten alle beide. Und Timm machte eine Faust in der Hosentasche. Dabei
45 zerdrückte er etwas. Ein kleines Stück rosa Stoff. Viel rosa war da nicht mehr dran, denn er hatte es schon lange in der Tasche. Aber es war noch rosa. Er hatte es aus Russland mitgebracht.

[1] umgangssprachlich für „(Militär-)dienst"

Arbeitsblatt 4

Zeitgestaltung untersuchen

1. Erklärt, welche Bedeutung das Stück rosa Stoff für den Soldaten hatte, der es in seiner Brieftasche aufbewahrte, und warum er es schließlich weggeworfen hat.

Info: Zeitgestaltung

Bei der Untersuchung der Zeitgestaltung lässt sich zunächst nach dem Verhältnis von erzählter Zeit (Zeitraum, von dem erzählt wird) und Erzählzeit (Zeit, die zum Erzählen benötigt wird) fragen:

zeitdeckendes Erzählen	zeitraffendes Erzählen	zeitdehnendes Erzählen
Erzählzeit = erzählte Zeit (z. B. bei direkten Reden)	Erzählzeit < erzählte Zeit (z. B. wenn berichtet wird)	Erzählzeit > erzählte Zeit (z. B. um Spannung zu erzeugen)

Auch wenn meist chronologisch linear (also in der richtigen zeitlichen Abfolge Schritt für Schritt) erzählt wird, kann es trotzdem Vorausdeutungen und Rückblenden geben.

2. Benennt das Verhältnis von erzählter Zeit und Erzählzeit in den beiden folgenden Textpassagen:

Textstelle	Zeitverhältnis
Sie saßen da. Es regnete, es regnete nicht, es regnete. Sie saßen und hielten Parade ab.	
Steinzeit, resignierte der neben Timm. Alles voll Spinngewebe, sagte der.	

3. Beschreibt mithilfe des Info-Kastens die erzählerische Besonderheit des Textes bei der Zeitgestaltung.

4. Charakterisiert die Sprache von Timm und seinem Freund. Gebt Beispiele bzw. belegt am Text.

5. Begründet, warum Timm das Stück rosa Stoff vermutlich mitgenommen hat und es nun aufbewahrt.

Lehrkrafthinweise zum Arbeitsblatt 4

Sachinformationen

Die Kurzgeschichte „Vielleicht hat sie ein rosa Hemd" von Wolfgang Borchert (1921–1947) stammt aus der Erzählsammlung „An diesem Dienstag" aus dem Jahr 1947.

Möglicher Unterrichtsverlauf

Einstieg

Vor der Lektüre wäre ggf. mit den Schülern kurz die Nachkriegssituation in Deutschland kurz zu umreißen. In diesem Zusammenhang könnte auch über die Freizeitgestaltung in den Trümmern gesprochen werden.

Erarbeitung Aufgabe 1

Die Aufgabe kann mündlich besprochen werden und soll das Textverständnis sicherstellen.
Lösungsvorschlag – Der Soldat hatte das Stück rosa Stoff als „Talisman" dabei, d.h. als Glücksbringer. Es sollte verhindern, dass er im Krieg fällt oder sich verletzt. Außerdem erinnerte es ihn an seine Braut. Weil die anderen ihn ausgelacht haben, hat sich er vermutlich geschämt. Vielleicht wollte er so verhindern, dass sich eine solche Situation wiederholt. Da der Soldat den Stoff als „Talisman" mitgenommen hat, kann es auch sein, dass er dachte, er hätte seine Wirkung verloren.

Erarbeitung Aufgaben 2 und 3

Es sollten zunächst der Info-Kasten gelesen und etwaige Fragen dazu beantwortet werden.
Lösungsvorschlag – Aufgabe 2:

Textstelle	Zeitverhältnis
Sie saßen da. Es regnete, es regnete nicht, es regnete. Sie saßen und hielten Parade ab.	zeitraffendes Erzählen
Steinzeit, resignierte der neben Timm. Alles voll Spinngewebe, sagte der.	zeitdeckendes Erzählen

Aufgabe 3: Die zentralen Ereignisse werden in Form von Rückblenden erzählt. In der Erzählgegenwart sitzen die beiden Jungen zunächst nur auf dem Geländer. Alles für die Gegenwart Relevante hat sich in der Vergangenheit der Erzählgegenwart ereignet.

Erarbeitung Aufgabe 4

Die Aufgabe kann auch in Partnerarbeit bearbeitet werden (leistungsstärkere und -schwächere Schüler ggf. mischen).
Lösungsvorschlag – Die Sprache der beiden Figuren ist stark an die mündliche Umgangssprache angelehnt, vor allem: umgangssprachliche Ausdrücke (z. B. wird die Milch sauer, Dinger, erwischt), kurze Sätze, Wortverkürzungen bzw. -zusammenziehungen (z. B. hab, mitn, son), Wiederholungen (z. B. Aber komisch, weißt du, komisch ist es doch.).

Erarbeitung Aufgabe 5

Es bietet sich an, diese Aufgabe zunächst inhaltlich vorzubesprechen; der Fokus liegt dann natürlich stärker auf der Verschriftlichung selbst (Schreibübung).
Lösungsvorschlag – Timm hat das Stück Stoff mitgenommen, damit es ihn an den Vorfall und seinen Fehler (sich über den Glauben bzw. die Überzeugung eines anderen lustig gemacht zu haben) erinnert. Das wird dadurch deutlich, dass Timm glaubt, am Tod des Mannes schuld zu sein (vgl.: „Aber komisch, weißt du, komisch ist es doch."). Auch wird Timm ganz laut, als es darum geht, ob eine ganz besondere Frau ein rosa Hemd haben muss. Dieses Verhalten lässt auch darauf schließen, dass Timm seinen Fehler wiedergutmachen möchte, indem er die Braut des Soldaten verteidigt, d.h. als ganz besondere Frau hinstellt.

Arbeitsblatt 5

Schauplatz als Stimmungsraum wahrnehmen

Adalbert Stifter: Abschied und Wanderung

(...) Er [= Victor] kam immer höher empor, der Raum legte sich zwischen ihn und das Haus, das er verlassen hatte, und die Zeit legte sich zwischen seine jetzigen Gedanken und die letzten Worte, die er in dem Hause geredet hatte. Sein Weg führte ihn stets an Berghängen hin, über die er nie gegangen war – bald kam er aufwärts, bald abwärts, im Ganzen aber immer höher. Es war ihm lieb, dass
5 er nicht mehr in die Stadt hatte gehen müssen, um sich zu beurlauben, weil er die Bekannten heute nicht gerne gesehen hätte. Die Meierhöfe und Wohnungen, die ihm aufstießen, lagen bald rechts, bald links von seinem Wege – hie und da ging ein Mensch und achtete seiner nicht.
Der Mittag zog herauf und er wandelte fort und fort.
Die Welt wurde immer größer, wurde glänzender und wurde ringsum weiter, da er vorwärts schritt
10 – und überall, wo er ging, waren tausend und tausend jubelnde Wesen.
Und noch größer und noch glänzender wurde die Welt, die tausend jubelnden Wesen waren überall, und Victor schritt von Berg zu Berg, von Tal zu Tal, den großen kindischen Schmerz im Herzen und die frischen staunenden Augen im Haupte tragend. Jeder Tag, den er ferne von der Heimat zubrachte, machte ihn fester und tüchtiger. (...)

1. Benennt mündlich was hier erzählt wird.

2. Untersucht nun genauer, wie die Landschaft beschrieben wird. Notiert die entsprechenden Charakterisierungen.

_____

_____

Info: Stimmungsraum
Der Schauplatz in einem Erzähltext ist der Ort, an dem ein bestimmtes Ereignis stattfindet. Der Schauplatz kann zum Stimmungsraum werden, wenn er durch seine Gestaltung die Stimmungslage einer Figur (oder mehrerer) spiegelt oder unterstreicht (z. B. Sturm, wenn die Figur selbst innerlich aufgewühlt ist, oder Regen, wenn die Figur traurig ist).

3. Bezieht die Adjektive auf die Figur Victor.

_____

_____

4. Erklärt, was mit dem Ausdruck „den großen kindischen Schmerz im Herzen" gemeint sein könnte.

_____

_____

5. Stellt eine begründete Vermutung darüber an, was gemeint sein könnte, wenn es im Text heißt: „Sein Weg führte ihn stets an Berghängen hin, über die er nie gegangen war" – Wofür sind die Berghänge ein Bild?

_____

_____

Form von epischen Texten

Lehrkrafthinweise zum Arbeitsblatt 5

Sachinformationen

Der Ausschnitt „Abschied und Wanderung" stammt aus der Erzählung „Der Hagestolz" des österreichischen Schriftstellers Adalbert Stifter (1805–1868) und ist zusammengesetzt aus dem Schlussteil von Kapitel 3, „Abschied", sowie dem Anfang von Kapitel 4, „Wanderung". In der Erzählung geht es um einen jungen Mann namens Victor, der behütet bei seiner Ziehmutter aufwächst, um dann die Heimat zu verlassen, um Beamter zu werden und eine Stelle anzutreten. Die Erzählung „Der Hagestolz" wurde erstmals 1845 im Almanach „Iris. Taschenbuch für das Jahr 1845" veröffentlicht.

Möglicher Unterrichtsverlauf

Einstieg

Es könnte (z. B. indem gefragt wird, was das Lied „Hänschen klein ging allein in die weite Welt hinein" eigentlich beschreibt) mit den Schülern über die Wanderschaft und ihre Funktion vor allem früher gesprochen werden. Davon ausgehend kann auf die Figur Victor in Stifters Erzählung übergeleitet werden, der sich hier auf eine solche Wanderschaft aufmacht, um in der Welt Erfahrungen zu sammeln und so zu reifen.

Erarbeitung Aufgabe 1

Lösungsvorschlag – Erzählt wird der Anfang von Victors Wanderung. Eben hat er das Elternhaus verlassen und geht jetzt in die Welt hinein.

Erarbeitung Aufgaben 2 und 3

Im Zusammenhang mit der Bearbeitung der beiden Aufgaben sollte dann auch der Info-Kasten gelesen werden.
Lösungsvorschlag – **Aufgabe 2:** immer höher, immer größer, glänzender, wurde ringsum weiter, tausend und tausend jubelnde Wesen – **Aufgabe 3:** Von Victor heißt es zunächst nur, dass jeder Tag ihn „fester und tüchtiger" machte. An der Beschreibung des Raumes, in dem er „wandelt" (!), wird aber deutlich, dass er gehobener, positiver Stimmung ist.

Erarbeitung Aufgabe 4

Die Aufgabe ist natürlich spekulativ; hier geht es vor allem darum, dass sich die Schüler deutlich machen, dass Victor in guter Stimmung ist, obwohl er auch Kummer hat. Mit anderen Worten: Victor freut sich nicht etwa, endlich von zu Hause wegzukommen, und ist deshalb guter Stimmung. Der Stimmungsraum macht vielmehr deutlich, dass Victor trotz seines „kindischen Schmerzes" positiv gestimmt ist bzw. er aus der Landschaft positive Signale empfängt.
Lösungsvorschlag – Victors Schmerz könnte daher stammen, dass er sein Elternhaus (seine Familie, seine Freunde) hat verlassen müssen.

Erarbeitung Aufgabe 5

Hier wird bereits auf den Schauplatz als Symbolraum hingewiesen (ohne dass den Schülern selbst der Begriff hier bekannt sein müsste). Deutlich werden sollte vielmehr, dass manchmal auch scheinbare Nebensächlichkeiten von Bedeutung sein können.
Lösungsvorschlag – Die Berge könnten für Mauern, Grenzen oder Schranken stehen, die Victor hier überschreitet.

Weiterführende Hinweise

Zur Vertiefung des Stimmungsraumes könnten die Schüler einen Paralleltext verfassen, in dem Victor schlechter Stimmung ist und den Raum entsprechend ausgestalten.

Form von epischen Texten

Arbeitsblatt 6

Innere und äußere Handlung unterscheiden

Conny Lens: Seit Wochen

„Gewürgt hat er sie!" Veras Stimme zitterte.

„Mein Gott!" Agnes biss in ihre Faust. Seit Wochen machte diese Sexbestie das Seeufer unsicher.

„Sie kam aus dem neuen Spielkasino", sagte Vera, „und war auf dem Heimweg." Sie nahm eine Zigarette. „Die Polizei meint, dass der Kerl hier irgendwo wohnt."

5 „Wieso das?"

Vera senkte die Stimme. „Die Frau soll gesagt haben, dass ihr der Kerl irgendwie bekannt vorgekommen sei."

Ein Geräusch. Carl erschien im Türrahmen. „Ich geh' noch ein bisschen spazieren."

„Hast du die Antenne gerichtet?", fragte Agnes. „Auf dem Fernsehschirm ist kaum noch was zu

10 erkennen."

„Oh, ich …" Um seine Augen zuckte es nervös. „Ich mach es morgen. Bestimmt." Bevor sie etwas sagen konnte, war er zum Zimmer hinaus. Kurz darauf rumste die Haustür ins Schloss.

Vera guckte erstaunt. „Ist der schon lange so?"

„Ein paar Wochen." Agnes stand auf und stellte die Tassen in die Spüle. „Im Büro geht wohl alles

15 drunter und drüber."

„Und dagegen helfen Spaziergänge?"

„Sie beruhigen ihn, sagt er."

„Ich muss los." Vera küsste sie auf die Wange.

Agnes blieb am Fenster stehen und sah ihr nach. Dann wandte sie den Kopf und blickte in die

20 Richtung, in die Carl abends immer verschwand. Ein Verdacht stieg in ihr auf.

Am Freitagabend ging sie Carl hinterher. Immer dicht den Hecken entlang. Stets bereit, in einen der Gärten zu huschen, falls er sich umdrehte. Aber Carl drehte sich nicht um. Er ging zielstrebig. Im Wald verlor sie ihn aus den Augen. Sie blieb stehen, sah sich um und … entdeckte das Schimmern zwischen den Bäumen. Der See. Agnes schlug sich die Hand vor den Mund, um nicht zu

25 schreien.

Von diesem Augenblick an ging ihr nur ein Gedanke durch den Kopf: „Wie?" Es musste nach einem Unfall aussehen. Man las doch ständig von Ehemännern, die an Stromleitungen herumbastelten. Oder mit der uralten Kettensäge … Oder …, oder die auf wacklige Leitern stiegen! Wie leicht konnte man da abrutschen. Besonders, wenn die oberen Sprossen gut eingefettet waren.

30 Carls Hände zitterten vor Erregung. Wieder war es schiefgelaufen. Wie beim letzten Mal. Und er hatte sich so geschworen, besser aufzupassen. Sich zurückzuhalten. Aber es ging einfach nicht. Dabei hatte er es jahrelang unterdrückt. Nachdem er Agnes geheiratet hatte, war es weggeblieben. Doch dann …

„Carl", sagte Agnes. „Du versprichst es seit Tagen."

35 Er schrak aus seinen Gedanken auf. „Was?"

„Die Antenne zu richten."

„Morgen, Schatz." Er sah den Zorn in ihren Augen und stand auf. „Okay, ich mache es sofort."

Als er aus dem Haus trat, sah er, dass Agnes die Leiter schon gegen den Giebel gelehnt hatte.

*

Es war kein Polizeiwagen, der vor dem Haus hielt. Trotzdem wusste sie sofort, ihr war ein Fehler

40 unterlaufen.

„Frau Geerds?" Der Mann sah sie fest an. „Es geht um ihren verstorbenen Gatten."

„Ich weiss", sagte Agnes.

„Sie haben mich erwartet?"

Form von epischen Texten

Arbeitsblatt 6

Innere und äußere Handlung unterscheiden

>   Agnes nickte. „Es konnte ja nicht gutgehen."
> 45 „Dann wollen Sie also zahlen?"
>   „Wie bitte?" Ihr Mund blieb offen.
>   „Oh, entschuldigen Sie." Er deutete eine Verbeugung an. „Kress. Ich bin Croupier in dem neuen Spielkasino am See. Ihr Mann war in den letzten Wochen oft unser Gast."
>   Ihr Verstand setzte aus.
> 50 „Ich habe hier die von ihm unterschriebenen Schuldscheine."

1. Fasst die Handlung zusammen, indem ihr die folgenden Fragen zum Text mündlich beantwortet.

   a) Welchen Verdacht hatte Agnes bezüglich der „Sexbestie" und warum?

   b) Was hat Agnes daraufhin unternommen?

   c) Was stellt sich am Ende heraus?

> **Info: Handlung**
> Die Handlung eines literarischen Textes ist gleichbedeutend mit dem im Text dargestellten Gesamtgeschehen. Man unterscheidet dabei zwischen
> • äußerer Handlung (unmittelbar durch die Sinne wahrnehmbare Ereignisse)
> • innerer Handlung (Gefühle und Gedanken)

2. Untersucht die Handlung des ersten Teils nun genauer und unterscheidet zwischen äußerer und innerer Handlung. Konzentriert euch auf die wichtigen äußeren Handlungselemente und Agnes' Gedanken und Gefühle.

äußere Handlung	innere Handlung

3. Erklärt, wie es Lens im ersten Teil des Textes schafft, auch beim Leser den Verdacht zu erzeugen, dass Carl die „Sexbestie" ist.

_____
_____
_____
_____
_____

Lehrkrafthinweise zum Arbeitsblatt 6

Sachinformationen

Conny Lens (eigentlich Friedrich Hitzbleck, *1951) ist ein deutscher Kriminalschriftsteller und Drehbuchautor (u. a. rund 20 Folgen für die TV-Serie „SOKO München" bzw. früher „SOKO 5113"). Die Geschichte „Seit Wochen" ist 1997 in dem Sammelband „Der kleine Mord zwischendurch. 52 üble Kurzkrimis" erschienen. – Vgl. zum Genre der Kriminalliteratur auch Arbeitsblatt 21

Möglicher Unterrichtsverlauf

Einstieg

Vor der Lektüre der Kurzgeschichte könnte mit den Schülern über Krimis (auch im Fernsehen) gesprochen werden (Lest ihr oder schaut ihr Krimis? Welche (nicht)? Warum (nicht)?). Klar sein sollte den Schülern auf jeden Fall vor der Lektüre, dass sie eine Kriminalgeschichte erwartet.

Erarbeitung Aufgabe 1

Die Aufgabe dient der Verständnissicherung und bereitet die genauere Untersuchung der Handlung in der nächsten Aufgabe vor.

Lösungsvorschlag

a) Agnes glaubt, ihr Partner Carl sei die „Sexbestie", weil er sich seit Wochen seltsam benimmt.
b) Agnes hat daraufhin Carl ermordet und es wie einen tödlichen Unfall aussehen lassen.
c) Es stellt sich heraus, dass Carl so seltsam war, weil er seiner Spielsucht nachgegeben hatte und im neuen Spielcasino gewesen ist.

Erarbeitung Aufgabe 2

Hier geht es darum, dass sich die Schüler den Unterschied zwischen innerer und äußerer Handlung bewusst machen und auch verstehen, dass sich auch ganz wesentliche Handlungselemente (hier Agnes' Verdacht und Plan) im Inneren abspielen können.

Lösungsvorschlag

äußere Handlung	innere Handlung
• Agnes erfährt von Vera von der „Sexbestie" am See	• Agnes ist schockiert (vgl. „Mein Gott!")
• Carl hat es versäumt, die Antenne aufzurichten	• Agnes ist wegen der Antenne ärgerlich (Carl flüchtet jedenfalls fast)
• Carl verschwindet in Richtung Casino	• Agnes kommt der Verdacht, dass Carl die „Sexbestie" ist
• Agnes verfolgt Carl, verliert ihn im Wald und sieht den See	
• Carl will die Antenne richten und stürzt wegen der von Agnes eingefetteten Sprossen tödlich	• Agnes ist schockiert und plant die Ermordung von Carl (getarnt als Unfall)

Erarbeitung Aufgabe 3

Vorab könnten die Schüler nach dem Erzählverhalten gefragt werden, das hier auktorial ist, wobei der Erzähler meist zwar die Sicht von Agnes einnimmt, aber an einer entscheidenden Stelle eben auch die von Carl (vgl. den Lösungsvorschlag).

Lösungsvorschlag – Der Erzähler teilt meist die Perspektive von Agnes, der so mit ihr den schrecklichen Verdacht teilt (vgl. „Agnes schlug sich die Hand vor den Mund, um nicht zu schreien."). Dieser Verdacht wird durch die Übernahme der Perspektive Carls an einer Stelle sogar noch verstärkt. Als dieser die Hände ringt und denkt: „Nachdem er Agnes geheiratet hatte, war es weggeblieben. Doch dann ...", muss der Leser annehmen, dass „es" die Vergewaltigungen sind.

Form von epischen Texten

Arbeitsblatt 7

Erzähltextaufbau

Johann Peter Hebel: Kannitverstan

Der Mensch hat wohl täglich Gelegenheit, in Emmendingen und Gundelfingen so gut als in Amsterdam, Betrachtungen über den Unbestand aller irdischen Dinge anzustellen, wenn er will, und zufrieden zu werden mit seinem Schicksal, wenn auch nicht viel gebratene Tauben für ihn in der Luft herumfliegen. Aber auf dem seltsamsten Umweg kam ein deutscher Handwerksbursche
5 in Amsterdam durch den Irrtum zur Wahrheit und zu ihrer Erkenntnis. Denn als er in diese große und reiche Handelsstadt voll prächtiger Häuser, wogender Schiffe und geschäftiger Menschen gekommen war, fiel ihm sogleich ein großes und schönes Haus in die Augen, wie er auf seiner ganzen Wanderschaft von Tuttlingen bis nach Amsterdam noch keines erlebt hatte. Lange betrachtete er mit Verwunderung dies kostbare Gebäude, die sechs Kamine auf dem Dach, die
10 schönen Gesimse und die hohen Fenster, größer als an des Vaters Haus daheim die Tür. Endlich konnte er sich nicht entbrechen, einen Vorübergehenden anzureden. „Guter Freund", redete er ihn an, „könnt ihr mir nicht sagen, wie der Herr heißt, dem dieses wunderschöne Haus gehört mit den Fenstern voll Tulipanen, Sternenblumen und Levkojen?" Der Mann aber, der vermutlich etwas Wichtigeres zu tun hatte und zum Unglück gerade so viel von der deutschen Sprache
15 verstand als der Fragende von der holländischen, nämlich nichts, sagte kurz und schnauzig: „Kannitverstan!" und schnurrte vorüber. Dies war nur ein holländisches Wort, oder drei, wenn mans recht betrachtet, und heißt auf Deutsch so viel als: Ich kann Euch nicht verstehen. Aber der gute Fremdling glaubte, es sei der Name des Mannes, nach dem er gefragt hatte. ‚Das muss ein grundreicher Mann sein, der Herr Kannitverstan', dachte er und ging weiter. Gass aus, Gass ein
20 kam er endlich an den Meerbusen, der da heißt: Het Ei, oder auf Deutsch: das Ypsilon. Da stand nun Schiff an Schiff und Mastbaum an Mastbaum, und er wusste anfänglich nicht, wie er es mit seinen zwei einzigen Augen durchfechten werde, alle diese Merkwürdigkeiten genug zu sehen und zu betrachten, bis endlich ein großes Schiff seine Aufmerksamkeit an sich zog, das vor kurzem aus Ostindien angelangt war und jetzt eben ausgeladen wurde. Schon standen ganze
25 Reihen von Kisten und Ballen auf- und nebeneinander am Lande. Noch immer wurden mehrere herausgewälzt, und Fässer voll Zucker und Kaffee, voll Reis und Pfeffer und salveni[1] Mausdreck darunter. Als er aber lange zugesehen hatte, fragte er endlich einen, der eben eine Kiste auf der Achsel heraustrug, wie der glückliche Mann heiße, dem das Meer alle diese Waren an das Land bringe. „Kannitverstan!" war die Antwort. Da dachte er: ‚Haha, schauts da heraus? Kein Wunder!
30 Wem das Meer solche Reichtümer an das Land schwemmt, der hat gut solche Häuser in die Welt stellen und solcherlei Tulipanen vor die Fenster in vergoldeten Scherben.' Jetzt ging er wieder zurück und stellte eine recht traurige Betrachtung bei sich selbst an, was er für ein armer Teufel sei unter so viel reichen Leuten in der Welt. Aber als er eben dachte: ‚Wenn ichs doch nur auch einmal so gut bekäme, wie dieser Herr Kannitverstan es hat!' kam er um eine Ecke und erblickte
35 einen Leichenzug. Vier schwarz vermummte Pferde zogen einen ebenfalls schwarz überzogenen Leichenwagen langsam und traurig, als ob sie wüssten, dass sie einen Toten in seine Ruhe führten. Ein langer Zug von Freunden und Bekannten des Verstorbenen folgte nach, Paar und Paar, verhüllt in schwarze Mäntel und stumm. In der Ferne läutete ein einsames Glöcklein. Jetzt ergriff unseren Fremdling ein wehmütiges Gefühl, das an keinem guten Menschen vorübergeht,
40 wenn er eine Leiche sieht, und blieb mit dem Hut in den Händen andächtig stehen, bis alles vorüber war. Doch machte er sich an den letzten vom Zug, der eben in aller Stille ausrechnete, was er an seiner Baumwolle gewinnen könnte, wenn der Zentner um zehn Gulden aufschlüge, ergriff ihn sachte am Mantel und bat ihn treuherzig um Exküse[2]. „Das muss wohl auch ein guter Freund von euch gewesen sein", sagte er, „dem das Glöcklein läutet, dass ihr so betrübt und
45 nachdenklich mitgeht?" – „Kannitverstan!" war die Antwort. Da fielen unserem guten Tuttlinger ein paar große Tränen aus den Augen, und es ward ihm auf einmal schwer und wieder leicht ums

Form von epischen Texten

Arbeitsblatt 7

Erzähltextaufbau

Herz. „Armer Kannitverstan", rief er aus, „was hast du nun von allem deinem Reichtum? Was ich einst auch bekomme: ein Totenkleid und ein Leintuch, und von allen deinen schönen Blumen vielleicht einen Rosmarin auf die kalte Brust oder eine Raute". Mit diesen Gedanken begleitete er
45 die Leiche, als wenn er dazu gehörte, bis an Grab, sah den vermeinten Herrn Kannitverstan hinabsenken in seine Ruhestätte und ward von der holländischen Leichenpredigt, von der er kein Wort verstand, mehr gerührt als von mancher deutschen, auf die er nicht achtgab. Endlich ging er leichten Herzens mit den anderen wieder fort, verzehrte in einer Herberge, wo man Deutsch verstand, mit gutem Appetit ein Stück Limburger Käse, und wenn es ihm wieder einmal schwerfal-
50 len wollte, dass so viele Leute in der Welt so reich seien und er so arm, so dachte er nur an den Herrn Kannitverstan in Amsterdam, an sein großes Haus, an sein reiches Schiff und an sein enges Grab.

[1] verkürzte Form von lat. salva venia „mit Vorbehalt der Verzeihung", d.h.: „Entschuldigung, dass ich so ein Wort verwende"
[2] Entschuldigung

1. Beschreibt den Verlauf der inneren Handlung beim Handwerksburschen: Wie denkt er am Anfang, wie am Schluss?

2. Untersucht, wie der Text als Ganzes aufgebaut ist. Unterteile ihn dazu in Abschnitte und umreiße den Inhalt jeweils stichwortartig.

	Inhalt
Abschnitt 1:	
Abschnitt 2:	
Abschnitt 3:	
Abschnitt 4:	
Abschnitt 5:	

3. Untersucht jetzt die drei Episoden genauer, in denen der Handwerksbursche einen anderen Menschen für den Herrn Kannitverstan hält, und beschreibt ihren Aufbau.

_____
_____
_____
_____

4. Bezieht die Einleitung der Geschichte auf ihren Schluss und erläutert, welche Lehre Hebel vermitteln will.

_____
_____
_____

Form von epischen Texten

Lehrkrafthinweise zum Arbeitsblatt 7

Sachinformationen

Die Kalendergeschichte „Kannitverstan" ist erstmals 1809 im Volkskalender „Der Rheinländische Hausfreund" erschienen und wurde von Johann Peter Hebel (1760–1826) dann auch 1811 in die berühmte Sammlung „Schatzkästlein des rheinischen Hausfreundes" aufgenommen. – Vgl. zu Hebel und der Kalendergeschichte auch die Arbeitsblätter 16 und 40.

Möglicher Unterrichtsverlauf

Einstieg

Die Schüler könnten nach spontanen Gedanken bzw. Ideen zum Titel der Geschichte „Kannitverstan" befragt werden; vielleicht assoziiert jemand die deutsche Übersetzung „Kann nicht verstehen.".

Erarbeitung Aufgabe 1

Die Aufgabe kann mündlich besprochen werden und dient der Verständnissicherung.
Lösungsvorschlag – Der Handwerksbursche ist zunächst neidisch auf den vermeintlichen Herrn Kannitverstan; er bedauert außerdem sich selbst und sein Leben. Erst, als er schließlich meint, Kannitverstan sei gestorben, merkt er, dass es ihm selbst gar nicht so schlecht geht.

Erarbeitung Aufgaben 2 und 3

Die Schüler könnten hier jeweils auch zu zweit oder in Gruppen arbeiten.
Lösungsvorschlag – Aufgabe 2:

	Inhalt
Abschnitt 1:	Einleitung als vorweggenommene Bewertung: durch den Irrtum zur Wahrheit
Abschnitt 2:	Episode 1: Handwerksbursche fragt nach Hausbesitzer; Antwort: Kannitverstan; Handwerksbursche glaubt, Kannitverstan ist der Name; Bewunderung von Kannitverstan
Abschnitt 3:	Episode 2: Handwerksbursche fragt nach Schiffsbesitzer; Antwort: Kannitverstan; Neid auf Kannitverstan
Abschnitt 4:	Episode 3: Handwerksbursche fragt nach einem Verstorbenen; Antwort: Kannitverstan; Mitgefühl für Kannitverstan
Abschnitt 5:	Erkenntnis: man muss sein Schicksal annehmen

Aufgabe 3: Alle drei Episoden beginnen damit, dass der Handwerksbursche etwas entdeckt, das ihn interessiert. Jedes Mal erkundigt er sich nach dem Besitzer bzw. dem Betroffenen und erhält jedes Mal die Antwort „Kannitverstan". Alle drei Episoden enden damit, dass sich der Handwerksbursche mit Kannitverstan vergleicht.

Erarbeitung Aufgabe 4

Die Schüler müssen hier die Einleitung in ihrer Funktion als vorweggenommene Erklärung verstehen.
Lösungsvorschlag – In der Einleitung heißt es, dass jeder Mensch „zufrieden werden kann mit seinem Schicksal". Durch die Geschichte mit dem Herrn Kannitverstan erkennt der Handwerksbursche am Schluss, dass auch der vermeintliche Kannitverstan sein Schicksal hatte, um das er nicht zu beneiden war.

Weiterführender Hinweis

Die Schüler könnten am Text die Merkmale einer Kalendergeschichte nachweisen: Es handelt sich um eine kürzere Erzählung, die zugleich unterhalten und belehren will: Neben der Moral im eigentlichen Sinne erfahren die (damaligen) Leser auch etwas über Amsterdam. Wie in vielen Kalendergeschichten gibt es außerdem Erzählerkommentare.

Arbeitsblatt 8

Figurencharakteristik

Heinrich von Kleist: Michael Kohlhaas

An den Ufern der Havel lebte, um die Mitte des sechzehnten Jahrhunderts, ein Rosshändler, namens Michael Kohlhaas, Sohn eines Schulmeisters, einer der rechtschaffensten zugleich und entsetzlichsten Menschen seiner Zeit. – Dieser außerordentliche Mann würde, bis in sein dreißigstes Jahr für das Muster eines guten Staatsbürgers haben gelten können. Er besaß in einem Dorfe,
5 das noch von ihm den Namen führt, einen Meierhof, auf welchem er sich durch sein Gewerbe ruhig ernährte; die Kinder, die ihm sein Weib schenkte, erzog er, in der Furcht Gottes, zur Arbeitsamkeit und Treue; nicht einer war unter seinen Nachbarn, der sich nicht seiner Wohltätigkeit, oder seiner Gerechtigkeit erfreut hätte; kurz, die Welt würde sein Andenken haben segnen müssen, wenn er in einer Tugend nicht ausgeschweift hätte. Das Rechtgefühl aber machte ihn
10 zum Räuber und Mörder.

Er ritt einst, mit einer Koppel junger Pferde, wohlgenährt alle und glänzend, ins Ausland, und überschlug eben, wie er den Gewinst, den er auf den Märkten damit zu machen hoffte, anlegen wolle: teils, nach Art guter Wirte, auf neuen Gewinst, teils aber auch auf den Genuss der Gegenwart: als er an die Elbe kam, und bei einer stattlichen Ritterburg, auf sächsischem Gebiete, einen
15 Schlagbaum traf, den er sonst auf diesem Wege nicht gefunden hatte. Er hielt, in einem Augenblick, da eben der Regen heftig stürmte, mit den Pferden still, und rief den Schlagwärter, der auch bald darauf, mit einem grämlichen Gesicht, aus dem Fenster sah. Der Rosshändler sagte, dass er ihm öffnen solle. Was gibts hier Neues? fragte er, da der Zöllner, nach einer geraumen Zeit, aus dem Hause trat. Landesherrliches Privilegium, antwortete dieser, indem er aufschloss: dem
20 Junker Wenzel von Tronka verliehen. – So, sagte Kohlhaas. Wenzel heißt der Junker? und sah sich das Schloss an, das mit glänzenden Zinnen über das Feld blickte. Ist der alte Herr tot? – Am Schlagfluss gestorben, erwiderte der Zöllner, indem er den Baum in die Höhe ließ. – Hm! Schade! versetzte Kohlhaas. Ein würdiger alter Herr, der seine Freude am Verkehr der Menschen hatte, Handel und Wandel, wo er nur vermochte, forthalf, und einen Steindamm einst bauen ließ, weil
25 mir eine Stute, draußen, wo der Weg ins Dorf geht, das Bein gebrochen. Nun! Was bin ich schuldig? – fragte er; und holte die Groschen, die der Zollwärter verlangte, mühselig unter dem im Winde flatternden Mantel hervor. „Ja, Alter", setzte er noch hinzu, da dieser: hurtig! hurtig! murmelte, und über die Witterung fluchte: „wenn der Baum im Walde stehen geblieben wäre, wärs besser gewesen, für mich und Euch" […].

1. Benennt, wann und wo die Geschichte „Michael Kohlhaas" spielt, und erklärt, welche überraschende Entdeckung Michael Kohlhaas auf seinem Weg ins Ausland machen musste.

2. In dem Auszug wird Michael Kohlhas nicht nur charakterisiert, sondern es wird auch angedeutet, wie sich die Geschichte entwickelt. Stellt die Angaben tabellarisch gegenüber.

Michael Kohlhaas am Anfang	Michael Kohlhaas später
• Rosshändler, Sohn eines Schulmeisters	•
•	•
•	•
•	

3. Benennt mündlich, wie die Pferde von Kohlhaas beschrieben werden, und diskutiert: Was sagen die Pferde über die Figur des Michael Kohlhaas?

Form von epischen Texten

Lehrkrafthinweise zum Arbeitsblatt 8

Sachinformationen

Heinrich von Kleists (1777–1811) berühmte Novelle wurde in vollständiger Form erstmals 1810 im ersten Band von Kleists Erzählungen veröffentlicht. Die Novelle wurde vielfach künstlerisch verarbeitet und auch mehrfach verfilmt, zuletzt im Jahr 2013 unter der Regie von Arnaud des Pallières (Michael Kohlhaas: Mads Dittmann Mikkelsen; Gouverneur: Bruno Ganz). – Vgl. zu Kleist auch die Arbeitsblätter 24 und 37.

Möglicher Unterrichtsverlauf

Einstieg

Die Schüler könnten darauf aufmerksam gemacht werden, dass der Titel von Kleists Novelle aus einem Namen besteht und dann nach weiteren titelgebenden Figuren – von „Pippi Langstrumpf" über „Harry Potter" bis „Romeo und Julia" (vgl. Arbeitsblatt 2) – gefragt werden. Die Schüler sollten sich dann bewusst machen, was es bedeutet, wenn ein Text nach einer Figur benannt wird (oft steht die titelgebende Figur uneingeschränkt im Zentrum und ist in besonderer Weise charakteristisch, z.B. für eine Zeit, eine Schicht oder ein Land).

Erarbeitung Aufgabe 1

Die Aufgabe dient der Verständnissicherung; alternativ könnten die Schüler nach der Lektüre das Gelesene auch mündlich zusammenfassen.
Lösungsvorschlag – Zeit des Geschehens: Mitte des 16. Jahrhunderts; Ort des Geschehens: auf sächsischem Gebiet; überraschende Entdeckung: Kohlhaas entdeckt auf sächsischem Gebiet einen neuen Schlagbaum, der „besser" im Wald geblieben wäre; er erfährt außerdem, dass das Zollrecht dem Junker Tronka verliehen worden ist.

Erarbeitung Aufgabe 2

Die Schüler könnten hier auch mit einem Partner zusammenarbeiten.
Lösungsvorschlag

Michael Kohlhaas am Anfang	Michael Kohlhaas später
• Rosshändler, Sohn eines Schulmeisters • einer der rechtschaffensten Menschen seiner Zeit (bis ins 30. Jahr) • tugendhaft • Muster eines guten Staatsbürgers	• einer der entsetzlichsten Menschen seiner Zeit • in der Tugend ausgeschweift • Räuber und Mörder

Erarbeitung Aufgabe 3

Auch wenn der Begriff „Dingsymbol" natürlich in diesen Jahrgangsstufen nicht fallen muss, so sollte doch der Sache nach deutlich werden, dass die Pferde eine Art Bild für Kohlhaas selbst darstellen.
Lösungsvorschlag – Die Pferde sind jung, „wohlgenährt alle und glänzend", d.h. insgesamt in einem sehr guten Zustand. Dass Kohlhaas solche Pferde hat, sagt über ihn zumindest aus, dass er Pferdesachverstand hat (seinen Beruf versteht) und er die Tiere gut pflegt. Darüber hinaus liegt es aber nahe, die Pferde als Symbol für sein eigenes Wesen zu deuten.

Weiterführende Hinweise

Gegebenenfalls kann die Gattungsbezeichnung „Novelle" hier eingeführt werden: Erzählung mittlerer Länge; hat einen zentralen Konflikt und einen Wendepunkt; beschreibt reale oder real vorstellbare Ereignisse; enthält meist eine „unerhörte Begebenheit"; mit einem Dingsymbol, d.h. einem Gegenstand von symbolischer Bedeutung, der an den wichtigsten Stellen der Handlung vorkommt (hier sind das die Pferde, vgl. Aufgabe 3)

Arbeitsblatt 9

Sprachbilder

> **Franz Kafka: Die Bäume**
> Denn wir sind wie Baumstämme im Schnee. Scheinbar liegen sie glatt auf und mit kleinem Anstoß sollte man sie wegschieben können. Nein, das kann man nicht, denn sie sind fest mit dem Boden verbunden. Aber sieh, sogar das ist nur scheinbar.

1. Benennt mithilfe des Infokastens, um welches sprachliche Bild es sich bei „wir sind wie Baumstämme im Schnee" handelt.

   _____

> *Info:* **Sprachliche Bilder**
> Von einem sprachlichen Bild spricht man immer dann, wenn eine Sache dadurch anschaulich gemacht wird, dass ein Ausdruck zur Umschreibung und in nicht wortwörtlicher Bedeutung gebraucht wird, z.B. wenn statt vieler Probleme von einem „Berg an Problemen" gesprochen wird. Wichtige Bilder sind:
> - Metaphern: Bilder durch Bedeutungsübertragung (z.B. „Berg an Problemen")
> - Vergleiche (z.B. „stark wie ein Löwe")

2. Sammelt sprachliche Bilder, die euch im Alltag schon begegnet sind.

   _____
   _____
   _____
   _____

3. Beschreibt, wie sich jeder Satz im Text von Kafka inhaltlich zum vorherigen verhält. Dazu könnt ihr die Aussagen auch umschreiben.

Denn wir sind wie Baumstämme im Schnee.	Aussage, Behauptung
Scheinbar liegen sie glatt auf und mit kleinem Anstoß sollte man sie wegschieben können.	
Nein, das kann man nicht, denn sie sind fest mit dem Boden verbunden.	
Aber sieh, sogar das ist nur scheinbar.	

4. Formuliert die (mögliche) Textaussage schriftlich.

   _____
   _____

Form von epischen Texten

Lehrkrafthinweise zum Arbeitsblatt 9

Das Arbeitsblatt zielt noch nicht auf eine Unterscheidung verschiedener sprachlicher Bilder, sondern will bei den Schülern ein stärkeres Bewusstsein dafür wecken, dass vieles – und keineswegs nur in der Literatur – bildhaft ausgedrückt wird.

Sachinformationen

Der Text „Die Bäume" gehört zu den acht Prosastücken von Franz Kafka (1883–1924), die 1908 in der ersten Ausgabe der von Franz Blei herausgegebenen Zeitschrift „Hyperion" als Erstveröffentlichungen erschienen sind. Für Kafka ist dieser Text übrigens insofern ungewöhnlich, als er sich hier in das „wir" der Allgemeinheit integriert, statt eine Außenseiterrolle einzunehmen bzw. zu beschreiben.

Franz Kafka 1923

Möglicher Unterrichtsverlauf

Einstieg

Der Einstieg kann über die Lektüre und das Sammeln erster Eindrücke zum Text erfolgen.

Erarbeitung Aufgaben 1 und 2

Die Aufgaben zielen auf das Erfassen der Informationen des Info-Kastens. – Vor dem Sammeln weiterer Sprachbilder könnten den Schülern noch einige weitere Beispiele zum besseren Verständnis gegeben werden (Nagelkopf, Stuhlbein, Datenstrom, Flüchtlingswelle, …).
Lösungsvorschlag – Aufgabe 1: Es handelt sich um einen Vergleich.

Erarbeitung Aufgabe 3

Die Aufgabe leitet die Texterschließung an und wird am besten in Partner- oder Gruppenarbeit bearbeitet.
Lösungsvorschlag

Denn wir sind wie Baumstämme im Schnee.	Aussage, Behauptung
Scheinbar liegen sie glatt auf und mit kleinem Anstoß sollte man sie wegschieben können.	Begründung, Erklärung: Die Menschen wirken so, als ob man sie einfach wegschieben könnte.
Nein, das kann man nicht, denn sie sind fest mit dem Boden verbunden.	Widerspruch: Auch wenn die Menschen vielleicht so wirken, so kann man sie trotzdem nicht „wegschieben", weil sie ja verwurzelt sind.
Aber sieh, sogar das ist nur scheinbar.	Widerspruch gegen den Widerspruch: Die Verwurzelung ist nur „scheinbar".

Erarbeitung Aufgabe 4

Lösungsvorschlag – Der Text sagt aus, dass uns Wurzeln, z. B. in Familie und Kultur, nur scheinbar binden, wir also keinen wirklichen Halt haben.

Form von epischen Texten

Arbeitsblatt 10

Sprache beschreiben

Kurt Kusenberg: Schnell gelebt

Schon als Kind erregte er Verwunderung. Er wuchs wie aus der Pistole geschossen und gab das Wachsen ebenso plötzlich wieder auf. Beim Sprechen verhaspelte er sich, weil die Gedanken den Worten entliefen; er war blitzschnell in seinen Bewegungen und wurde oft gleichzeitig an verschiedenen Orten gesehen. Alljährlich übersprang er eine Schulklasse; am liebsten hätte er sie
5 alle übersprungen.

Aus der Schule entlassen, nahm er eine Stellung als Laufbursche an. Er war der einzige Laufbursche, der je gelaufen ist. Von seinen Botengängen kehrte er so rasch wieder zurück, dass man nicht annehmen konnte, er habe sie wirklich ausgeführt, und ihn deshalb entließ.

Er warf sich auf die Kurzschrift und schrieb bald fünfhundert Silben in der Minute. Trotzdem
10 mochte kein Büro ihn behalten, denn er datierte die Post um Wochen vor und gähnte gelangweilt, wenn seine Vorgesetzten zu langsam diktierten.

Nach kurzem Suchen, das ihn endlos dünkte, stellte man ihn als Omnibusfahrer ein. Mit Schaudern dachte er später an diese Tätigkeit zurück, die darin bestand, einen fahrenden Wagen fortwährend anzuhalten. Vor ihm winkten Straßenfluchten, die zu durcheilen genussvoll gewesen
15 wäre. An den Haltestellen aber winkten Leute, die einsteigen wollten, und ihnen musste er folgen. Eines Tages aber achtete er der Winkenden nicht, sondern entführte den Omnibus in rasender Fahrt weit über die Stadt hinaus; so fand auch diese Betätigung ein Ende. Der Fall kam in die Zeitungen und erregte die Aufmerksamkeit sportlicher Kreise. Seine Laufbahn zum Rennfahrer war ein einziger Triumphzug. Große Firmen rissen sich um seine Gunst; die geldkräftigste siegte,
20 sie machte ihn zum Teilhaber. In leitender Stellung bewährte er sich und war ein gefürchteter Verhandlungsführer, der seine Gegner verwirrte und überrannte.

Wenige Stunden nach dem Entschluss, einen Hausstand zu gründen, hielt er um die Olympiasiegerin im Hundertmeterlauf an, jagte mit ihr vom Stadion in das Standesamt und erzwang eine Schnellheirat. Gleiche Neigungen verbanden sich zu einzigartigen Leistungen. Die junge Frau setze alles
25 daran, hinter ihm nicht zurückzustehen. Sie erledigte ihre häuslichen Pflichten mit dem Zeitraffer, trug im Winter schon Sommerkleider und gebar vor der Zeit, nämlich mit fünf Monaten, ein Kind, das schon in der Wiege fließend sprach und das Laufen noch vor dem Gehen lernte. Sie erfand neue Schnellgerichte, die man im Flug einnahm und sogleich verdaute. Die Dienstboten wechselten täglich, später stündlich; endlich geriet sie an einen Speisewagenkoch und zwei Flugzeugkellner,
30 die das Zeitmaß begriffen und blieben. Sie war ihrem Gatten in jeder Hinsicht eine Stütze.

Der fuhr fort, sein Leben zu beschleunigen. Da er viel schneller schlief als andere Leute, benötigte er weniger Schlaf. Wenn er sich ins Bett warf, träumte er schon, und bevor ihn der Traum recht umfangen hatte, war er bereits wieder wach. Er frühstückte in der Badewanne und las beim Anziehen die Zeitung. Eine eigens erbaute Rutschbahn beförderte ihn aus der Wohnung in das Auto,
35 das mit angelassenem Motor vor der Haustür hielt und sofort davonschoss.

Er sprach so knapp, als telegrafierte er, und wurde von langsamen Menschen selten verstanden. Er versäumte keine sportliche Veranstaltung, bei der es um Schnelligkeit ging, und setzte Preise für Höchstleistungen aus; sie kamen nie zur Verteilung, weil die Bedingungen unerfüllbar waren. Einen Teil seines schnell erworbenen Vermögens steckte er in den Raketenbau. Die erste be-
40 mannte Rakete, die abgeschossen wurde, enthielt ihn. Es war die schönste Fahrt seines Lebens. Die Folgen eines so hastigen Daseins blieben nicht aus. Er alterte bedeutend rascher als seine Umwelt, war mit fünfundzwanzig Jahren silbergrau und mit dreißig ein gebrechlicher Greis. Ehe die Wissenschaft sich des seltsamen Falles annehmen konnte, starb er und zerfiel, da er die Verbrennung nicht abwarten wollte, augenblicklich zu Asche.

45 Es blieb ihm erspart, die Enttäuschung zu erleben, dass die Nachrufe einen Tag zu spät in den Zeitungen erschienen. Seitdem er gestorben ist, kriecht die Minute wieder auf sechzig Sekunden dahin.

Form von epischen Texten

Arbeitsblatt 10

Sprache beschreiben

1. Beschreibt das Erzählverhalten und die Zeitgestaltung im Text.

   Erzählverhalten: _____

   _____

   Zeitgestaltung: _____

   _____

2. Das zentrale Stilmittel des Textes ist das der Übertreibung, wobei man zwischen unmöglichen und möglichen Übertreibungen unterscheiden kann. Nennt jeweils mindestens drei weitere Beispiele.

mögliche Übertreibungen	unmögliche Übertreibungen
• Alljährlich übersprang er eine Schulklasse	• Er wuchs wie aus der Pistole geschossen
•	•
•	•
•	•

3. Benennt bzw. beschreibt die Besonderheiten des Sprachgebrauchs in den folgenden Wendungen und Ausdrücken.

   a) wuchs wie aus der Pistole geschossen: _____

   b) Nach kurzem Suchen, das ihn endlos dünkte: _____

   c) Vor ihm winkten Straßenfluchten: _____

   d) Seine Laufbahn ... war ein einziger Triumphzug: _____

4. Beschreibt und belegt mit Beispielen, welche Formulierungen hier an einen Bericht erinnern, welche dagegen nicht.

   _____

   _____

   _____

5. Verfasst einen Paralleltext mit dem Titel „Langsam gelebt". Arbeitet auf einem gesonderten Blatt.

Lehrerhinweise

Sachinformationen

Die Kurzgeschichte „Schnell gelebt" des deutschen Schriftstellers und Kunstkritikers Kurt Kusenberg (1904–1983) erschien erstmals 1951 im Band „Die Sonnenblumen und andere merkwürdige Geschichten". – Vgl. zu Kurt Kusenberg auch Arbeitsblatt 32.

Möglicher Unterrichtsverlauf

Einstieg

Die Schüler könnten vor der Lektüre des Textes Vermutungen dazu äußern, wie man schnell lebt, und welche Form ein Text haben könnte, der ein schnelles Leben beschreibt.

Erarbeitung Aufgabe 1

Bei der Besprechung der Zeitgestaltung sollte deutlich werden, dass die Geschichte gewissermaßen auch „schnell erzählt" ist, die Erzählweise also auch zum Inhalt passt.
Lösungsvorschlag – Erzählverhalten: auktorialer Er-Erzähler, der weitestgehend auf den (namentlich nicht benannten) Mann und seine Wahrnehmungen fokussiert ist – Zeitgestaltung: Es wird stark zeitraffend erzählt (der Text stellt eine komplette Biografie von der Geburt bis zum Tod dar; die erzählte Zeit beträgt 30 Jahre).

Erarbeitung Aufgaben 2 und 3

Anhand der vorgegebenen Beispiele kann ggf. die Unterscheidung zwischen unmöglichen und möglichen Übertreibungen erläutert werden (auch wenn es natürlich nicht vorkommt, so wäre es doch an sich möglich, jedes Jahr eine Klasse zu überspringen und in sechs Jahren zum Beispiel zum Abitur zu kommen). – Beide Aufgaben könnten in Partnerarbeit bearbeitet werden.
Lösungsvorschlag – *Aufgabe 2* (Beispiele):

mögliche Übertreibungen	unmögliche Übertreibungen
• Alljährlich übersprang er eine Schulklasse	• Er wuchs wie aus der Pistole geschossen
• schrieb bald fünfhundert Silben in der Minute	• Kind, das schon in der Wiege fließend sprach
• entführte den Omnibus in rasender Fahrt weit über die Stadt hinaus	• viel schneller schlief als andere Leute
• erzwang eine Schnellheirat	• zerfiel, da er die Verbrennung nicht abwarten wollte, augenblicklich zu Asche

Aufgabe 3: a) wuchs wie aus der Pistole geschossen: Vergleich, Übertreibung; b) Nach <u>kurzem</u> Suchen, das ihn <u>endlos</u> dünkte: Antithese; c) Vor ihm winkten Straßenfluchten: Personifikation; d) Seine Laufbahn ... war ein einziger Triumphzug: Metapher

Erarbeitung Aufgabe 4

Hier geht es weniger um die Lösung als um die gedankliche Auseinandersetzung mit erwartbaren bzw. unerwarteten Sprachstrukturen, über die immer auch diskutiert werden kann. Gemeint ist, dass eine Formulierung wie „Schon als Kind erregte er Verwunderung." (statt „verwunderte er") mit dem Funktionsverbgefüge und dem fehlenden Objekt technischer und distanzierter wirken und deshalb eher in einen sachlichen Bericht passen als eine (sachlich falsche) Wertung wie „Seitdem er gestorben ist, kriecht die Minute wieder auf sechzig Sekunden dahin." Man könnte deshalb die Schüler einfach für sie auffällige Sätze sammeln lassen und diese dann diskutieren.

Erarbeitung Aufgabe 5

Inhaltlich sollten die Schüler hier freie Hand haben. Vorab wäre mit den Schülern aber zu besprechen, wie man langsam erzählen könnte (z. B. durch den stellenweisen Einsatz von Zeitdehnungen, durch ausführliche Beschreibung, Verwendung von Wiederholungen, redundante Aussagen ...).

Form von epischen Texten

Arbeitsblatt 11

Bericht

Walther Kabel: Ein Mann, der von Gift lebte

Albert Randler trat schon in jungen Jahren als Diener in den Haushalt der Geheimrätin Charlotte Ursinus ein, jenes dämonischen Weibes, das zu den berüchtigtsten Giftmischerinnen aller Zeiten gehörte und nach Vergiftung ihres um viele Jahre älteren Gatten, ihrer vermögenden Tante und eines holländischen Offiziers zu lebenslänglicher Festungshaft auf der Festung Glatz verurteilt wurde.

5 Auch an ihrem Bedienten Randler hat die Ursinus verschiedene Vergiftungsversuche vorgenommen. Sie reichte ihm des Öfteren in Speisen und Getränken Arsenik, welches sie bei ihren Mordtaten stets benützte, ohne dass Randlers Gesundheit dadurch irgendwie angegriffen wurde. Der Bediente wusste um ihre Heiratspläne und hat wohl auch sonst das Treiben seiner Herrin beargwöhnt; daher suchte sie ihn aus dem Wege zu schaffen. Eine mit Arsenik vergiftete Pflaume, die sie ihm gab,

10 wurde endlich zum Verräter an ihr. Randler zeigte sie an, und nun kamen auch ihre anderen Verbrechen ans Tageslicht. Sie leugnete jedoch alles und gab an, sie habe auch den Diener nicht töten, sondern nur durch geringe Dosen die Wirkungen des Giftes an ihm probieren wollen.

Bevor sie dann verurteilt wurde, setzte sie Randler noch eine lebenslängliche, sehr reich bemessene Pension aus; und dieser, dem das mehrfach genossene Gift nicht im Geringsten geschadet

15 hatte, lebte noch dreiundzwanzig Jahre lang in angenehmsten Verhältnissen als Rentier. Der Volksmund aber hatte ihm bald den Beinamen gegeben „der Mann, welcher vom Gifte lebt". Seine frühere Herrin überlebte ihn noch um zehn Jahre, denn sie starb erst 1836 in Glatz. Ihr Testament enthielt vielerlei Legate an Privatpersonen und Wohltätigkeitsanstalten, und auch den Nachkommen, Albert Randlers hatte sie noch eine namhafte Summe vermacht.

1. Erklärt, warum Kabel diesen Text für eine Zeitschrift verfasst hat, indem ihr den kuriosen Teil der Meldung benennt.

2. Gebt die Informationen, die der Text enthält, in einer Zeitleiste wieder. Bei Ereignissen, die sich chronologisch nicht eindeutig einordnen lassen, könnt ihr schätzen.

3. Klärt, was eine „Urban Legend" ist, und diskutiert, ob der „Mann, welcher vom Gifte lebt" eine solche Urban Legend sein könnte.

Arbeitsblatt 12

Anekdote

Imhoff-Pascha: „Bellen Sie!"

Aus den türkischen Manövern im Jahre 1909 erzählt Generalleutnant a. D. Imhoff-Pascha folgende lustige Geschichte von dem verstorbenen Generalfeldmarschall von der Goltz-Pascha: Eine der Divisionen hatte mit Hilfe einer in kürzester Frist fertiggestellten Pontonbrücke einen Fluss überschritten. Trotz der enormen Tagesanstrengungen marschierten die Truppen frisch und
5   munter nach ihren Bestimmungsorten. Die höheren Stäbe blieben noch zurück; es erfolgte eine Besprechung, und dann hieß es: Auf nach den Quartieren! Die Manöverleitung hatte noch etwa fünfzehn Kilometer zurückzulegen und verirrte sich, ganz gleich aus welchen Gründen, bei eingebrochener Dunkelheit in dem wegelosen Gelände. Wir standen rat- und tatlos auf freiem Felde; kein Licht, kein Biwakfeuer war zu sehen, kein Geräusch zu hören. Man beriet hin und her,
10 was zu tun sei; Erkunder wurden abgesandt, sie kamen resultatlos zurück. Plötzlich sagte der Feldmarschall: „Imhoff-Pascha, bellen Sie!" Ich glaubte nicht recht gehört zu haben und fragte: „Was soll ich tun?"
„Na! Bellen, feste bellen", lautete die Antwort.
Als Offizier gewohnt, jeden Befehl ohne langes Besinnen sofort auszuführen, bellte ich recht laut
15 und, wie man mir später versicherte, sehr schön und eindringlich: „Wau, wauwau, wau!"
Es dauerte keine halbe Minute und der Erfolg der Maßregel war uns allen klar. Von rechts vorwärts antwortete uns ein Dorfköter! Vergnügt schlug sich der Feldmarschall auf den Oberschenkel und rief: „Sehen Sie, der ist auf den alten Trick wieder hereingefallen ... Dort reiten wir hin."

---

1. Erklärt, warum Immhoff bellen soll.

_____

2. Recherchiert, was im Textzusammenhang „Pascha" bedeutet.

_____

3. Weist am Text die Merkmale einer Anekdote nach.

> **Info: Anekdote**
> Eine Anekdote ist eine kurze, charakteristische Geschichte über eine historische Persönlichkeit und/oder eine bezeichnende Begebenheit. Anekdoten haben einen pointenartigen Schluss, der verborgene Zusammenhänge erhellt oder menschliche Charakterzüge verdeutlicht.

_____

4. Diskutiert, was den Text „Bellen Sie!" von einer Kalendergeschichte unterscheidet.

Lehrkrafthinweise zu den Arbeitsblättern 11 und 12

Die Arbeitsblätter 11 und 12 bilden insofern eine Einheit, als sie einen fließenden Übergang darstellen zwischen den (heiteren) Berichten über Ereignisse und Personen, bei denen die Informationen im Vordergrund stehen, und den Anekdoten, die primär unterhalten wollen, oft aber ebenfalls auf wahren Begebenheiten beruhen. Zu ergänzen wäre, dass es vergleichbare Überschneidungen zur Kalendergeschichte und zum Schwank gibt. Bei den Arbeitsblättern 11 und 12 steht jedoch die Textfunktion im Vordergrund. Gegebenenfalls könnten die Schüler in Anschluss an die Bearbeitung der Arbeitsblätter weitere Anekdoten sowie Urban Legends sammeln.

Sachinformationen

Walther Kabel (1878–1935) gilt als einer der meistgelesenen deutschen Volksschriftsteller der 1920er Jahre. Kabel hat zahllose Unterhaltungsromane (darunter auch viele Krimis) sowie humoristische Kurztexte verfasst, darunter übrigens auch den Text „Imhoff, bellen Sie!" (in der „Bibliothek der Unterhaltung und des Wissens" von 1914), in dem er die Imhoff-Pascha-Anekdote (von Arbeitsblatt 12) aus seiner Sicht schildert. Vgl. zu Kabel auch das Arbeitsblatt 28. Imhoff-Pascha ist Heinrich Karl Abraham Imhoff (1854–1918), ein deutscher Generalleutnant, der zeitweise in türkischen Diensten stand und vom Sultan den Titel eines Paschas verliehen bekam (deshalb „Imhoff-Pascha", vgl. Aufgabe 2). Sein Text „Bellen Sie!" ist in der Zeitschrift „Die Burg. Illustrierte Zeitschrift für die studierende Jugend" im Jahr 1916 erschienen.

Möglicher Unterrichtsverlauf Arbeitsblatt 11

Deutlich werden sollte hier vor allem, dass der Text von Kabel auf wahren Fakten beruht und Kabel vor allem informieren (wenn auch zugleich natürlich unterhalten) will.
Lösung 1: Berichtenswert ist, dass der Diener offenbar keine Probleme mit dem ihm verbreichten Gift hatte, sodass er im Volksmund den Namen „Mann, welcher vom Gifte lebt" bekommen hat. – *Lösung 2:* Randler wird Diener bei Charlotte Ursinus – Ursinus testet Gift bei Randler – Ursinus vergiftet Gatten, vermögende Tante sowie holländischen Offizier – Ursinus testet Gift bei Randler – Ursinus will Randler mit Pflaume vergiften – Randler zeigt Ursinus an – Ursinus setzt Pension für Randler aus – Ursinus wird verurteilt – dreiundzwanzig Jahre später stirbt Randler – Ursinus bedenkt die Nachkommen Randlers in ihrem Testament – weitere zehn Jahre später (1836) stirbt Ursinus in Glatz – *Lösung 3:* Urban Legends sind moderne Sagen, deren Quellen bzw. Urheberschaft sich nicht mehr zurückverfolgen lassen und die inhaltlich skurril, schauerlich sind und ans Unmögliche grenzen (Geschichten von Menschen, die angeblich vom Blitz getroffen wurden oder in der Kanalisation ein Krokodil gesehen haben wollen). Die Art der Geschichte der Gräfin Ursinus legt eine solche Urban Legend zwar nahe; ein wichtiger Unterschied besteht jedoch darin, dass wichtige Fakten historisch belegt sind (Gräfin Ursinus wurde wirklich wegen Giftmordes verurteilt und starb 1836 in Glatz).

Möglicher Unterrichtsverlauf Arbeitsblatt 12

Mit Blick auf die Textsortenunterscheidung sollte klarwerden, dass die Grundfunktion des Textes die der Unterhaltung ist. Thematisiert werden kann auch, dass es sich insofern um eine ungewöhnliche Anekdote handelt, als sie einen Ich-Erzähler hat (der zuerst von der Goltz charakterisiert).
Lösung 1: Imhoff soll bellen, damit auf diese Weise in der Nacht ein Gehöft bzw. Dorf gefunden werden kann. – *Lösung 2:* „Pascha" ist im osmanischen Reich der höchste Beamtentitel und wird dem Namen nachgestellt. – *Lösung 3:* charakterisiert sowohl den Erzähler Imhoff-Pascha (nämlich als Hunde-Imitator) als auch Generalfeldmarschall von der Goltz (seine Schläue); hat pointenartigen Schluss (Hund fällt auf den Trick herein), der Zusammenhänge verdeutlicht (es wird klar, warum Imhoff bellen sollte); Text verdeutlicht außerdem den positiven Charakterzug der Gewitztheit – *Lösung 4:* Anders als die typische Kalendergeschichte besteht hier keine belehrende Absicht. Gleichwohl gibt es zwischen der Anekdote und der Kalendergeschichte natürlich Berührungspunkte.

Arbeitsblatt 13

Witz

E. T. A. Hoffmann: Vertrauen
Eine Frau, die in der Todesnot dem Manne gesteht, dass sie ihm untreu gewesen, darauf der Mann: „Ein Vertrauen ist des andern wert; eben weil du mir untreu gewesen, darum stirbst du an dem Gift, das du von mir bekommen!"

5 **Johann Peter Hebel: Die Ohrfeige**
Ein Büblein klagte seiner Mutter: „Der Vater hat mir eine Ohrfeige gegeben." Der Vater kam dazu und sagte: „Lügst du wieder? Willst du noch eine?"

1. Erklärt die Pointen der beiden Witze.

   Karl Kraus
   Es genügt nicht, keinen Gedanken zu haben: man muss ihn auch ausdrücken können.

2. Definiert die Textsorte Witz auf der Grundlage der beiden Texte von Hoffmann und Hebel. Überlegt dabei auch, was diese beiden Texte von dem Aphorismus von Karl Kraus unterscheidet.

3. Notiert euren Lieblingswitz (im Sinne der Definition aus Aufgabe 2).

4. Sammelt, in welchen literarischen Genres Witze vorkommen und dort auch eine besondere Rolle spielen. Gebt nach Möglichkeit ein konkretes Beispiel.

   literarische Genres mit Witz

5. Diskutiert: Können Witze Kunst (= literarischen wertvoll sein) sein?

Arten von epischen Texten

Lehrkrafthinweise zum Arbeitsblatt 13

Sachinformationen

Die beiden Witze von E.T.A. Hoffmann (1776–1822) bzw. von Johann Peter Hebel (1760–1826) wurden hier vor allem deshalb ausgewählt, damit deutlich wird, dass der Witz nicht von vornherein in den Bereichen Kabarett, Comedy, Nonsens oder Satire zu verorten ist. – Der Aphorismus von Karl Kraus (1874–1936) stammt aus der Fackel 697 (1925). – Vgl. zur Definition von „Witz" Aufgabe 2.

Möglicher Unterrichtsverlauf

Einstieg/Erarbeitung Aufgabe 1

Ein gesonderter Einstieg in das Arbeitsblatt ist nicht nötig, es kann sofort mit der Lektüre der Witze und der Bearbeitung von Aufgabe 1 begonnen werden.
Lösungsvorschlag – „Vertrauen": Die Pointe besteht darin, dass der Mann schon von der Untreue der Frau gewusst und sie deshalb vergiftet hat. Die Frau gesteht also etwas, was der Mann schon weiß. – „Die Ohrfeige": Die Pointe besteht darin, dass der Vater sich selbst entlarvt, indem er in seiner Drohung („noch eine") indirekt zugibt, dem Sohn tatsächlich eine Ohrfeige gegeben zu haben.

Erarbeitung Aufgabe 2

Die Aufgabe ist durchaus anspruchsvoll und bietet sich zur Bearbeitung in Partner- oder Kleingruppenarbeit an.
Lösungsvorschlag – Witze sind (meist mündlich vorgetragene) Kürzesterzählungen, die auf einen unerwarteten Höhepunkt, die Pointe, zusteuern. Witze wollen den Hörer bzw. Leser zum Lachen bringen. – Man beachte, dass hier der Aspekt des Erzählens fokussiert wird. Andere Kurzformen, durch die andere zum Lachen gebracht werden sollen (Aphorismen, aber etwa auch Scherzfragen) sind dadurch ausgeschlossen. Im Unterschied zu Aphorismen hat ein Witz eine gewisse Minimalhandlung, die zumindest aus Rede und Gegenrede besteht. In Witzen kommen meist auch mehrere Figuren vor.

Erarbeitung Aufgabe 3

Aufgabe 3 hat drei Stoßrichtungen: Zunächst sollen die Schüler eigene Witze loswerden können, ohne dass es dadurch zu allzu viel Unruhe in der Klasse kommt. Zweitens sollte anhand einzelner Witze überprüft werden, ob die Definition aus Ausgabe 2 stimmig ist. Drittens und nicht zuletzt versteht sich die Aufgabe auch als Schreibübung, die auf das pointierte schriftliche Formulieren zielt.

Erarbeitung Aufgabe 4

Hier geht es darum, dass die Schüler sich klarmachen, dass der Witz nicht nur ein sprachliches Mittel innerhalb der Literatur ist (zum Beispiel um Dinge zuzuspitzen oder Leser zu unterhalten, ihre Aufmerksamkeit zu wecken oder sie zu entlasten; in diesem Sinne kann auch in einem ernsten Roman einmal etwas Witziges geschehen), sondern der Witz bzw. der Humor für viele Genres geradezu konstitutiv ist. – Mit Beispiel ist der Text gemeint, zum Beispiel die Komödie „Der zerbrochene Krug" oder die Lügengeschichten um den Baron von Münchhausen.
Lösungsvorschlag – Humoresken, Komödie, Sketche, Anekdoten, Schwank, Scherzgedichte, Nonsensliteratur, Lügengeschichten, …

Erarbeitung Aufgabe 5

Die Aufgabe versteht sich als Vertiefungsangebot zur Definitionsaufgabe 2. Klar ist, dass z. B. der Text „Vertrauen" weder witziger noch literarisch wertvoller ist, nur weil ein berühmter Dichter sein Urheber ist. Andererseits könnten zum Beispiel in Humoresken oder Scherzgedichte Witze durchaus ein höheres Niveau erreichen, sodass sich letztlich wieder die Definitionsfrage stellt: Wann hört zum Beispiel ein sprachlicher Witz auf und beginnt das (kunstvolle) Sprachspiel?

Arbeitsblatt 14

Schwank

Gottfried Keller: Der Landvogt von Greifensee

Der Amtsdiener oder Weibel führte nunmehr ein ländliches Ehepaar herein, welches in großem Unfrieden lebte, ohne dass der Landvogt bis jetzt hatte ermitteln können, auf welcher Seite die Schuld lag, weil sie sich gegenseitig mit Klagen und Anschuldigungen überhäuften und keines verlegen war, auf die grobe Münze des andern Kleingeld genug herauszugeben. Neulich hatte die
5 Frau dem Manne ein Becken voll heißer Mehlsuppe an den Kopf geworfen, so dass er jetzt mit verbrühtem Schädel dastand und bereits ganze Büschel seines Haares herunterfielen, was er mit höchster Unruhe alle Augenblicke prüfte, und es doch gleich wieder bereute, wenn ihm jedes Mal ein neuer Wisch in der Hand blieb. Die Frau aber leugnete die Tat rundweg und behauptete, der Mann habe in seiner tollen Wut die Suppenschüssel für seine Pelzmütze angesehen und sich auf
10 den Kopf stülpen wollen. Der Landvogt, um auf seine Weise einen Ausweg zu finden, ließ die Frau abtreten und sagte hierauf zum Manne: „Ich sehe wohl, dass du der leidende Teil und ein armer Hiob bist, Hans Jakob, und dass das Unrecht und die Teufelei auf Seiten deiner Frau sind. Ich werde sie daher am nächsten Sonntag in das Drillhäuschen am Markt setzen lassen, und du selber sollst sie vor der ganzen Gemeinde herumdrehen, bis dein Herz genug hat und sie ge-
15 zähmt ist!" Allein der Bauer erschrak über diesen Spruch und bat den Landvogt angelegentlich, davon abzustehen. Denn wenn seine Frau, sagte er, auch ein böses Weib sei, so sei sie immerhin seine Frau, und es gezieme ihm nicht, sie in solcher Art der öffentlichen Schande preiszugeben. Er möchte bitten, es etwa bei einem kräftigen Verweise bewenden lassen zu wollen. Hierauf ließ der Landvogt den Mann hinausgehen und die Frau wieder eintreten. „Euer Mann ist", sagte er zu
20 ihr, „allem Anscheine nach ein Taugenichts und hat sich selbst den Kopf verbrüht, um euch ins Unglück zu stürzen. Seine ausgesuchte Bosheit verdient die gehörige Strafe, die Ihr selbst vollziehen sollt! Wir wollen den Kerl am Sonntag in das Drillhäuschen setzen, und ihr möget ihn alsdann vor allem Volk so lange drillen, als euer Herz verlangt!" Die Frau hüpfte, als sie das hörte, vor Freuden in die Höhe, dankte dem Herrn Landvogt für den guten Spruch und schwur,
25 dass sie die Drille so gut drehen und nicht müde werden wolle, bis ihm die Seele im Leibe weh tue! „Nun sehen wir, wo der Teufel sitzt!", sagte der Landvogt in strengem Ton und verurteilte das böse Weib, drei Tage bei Wasser und Brot im Turm eingesperrt zu werden.

1. Lest den Text und fasst in eigenen Worten zusammen, wie der Landvogt die Bosheit der Frau entlarvt.

2. Weist an dem Text die Merkmale eines Schwankes nach. Übernehmt dazu die Tabelle auf ein gesondertes Blatt und füllt sie aus

Info: Schwank
Ein Schwank ist im weitesten Sinne eine Erzählung einer streichartigen Handlung mit komischen Personen und Situationen. Im Zentrum stehen oft Dialoge zwischen entgegengesetzten Parteien (z. B. Herr und Knecht). Schwänke haben oft einen derben Charakter. Beliebte Motive sind: ertappte und betrogene Betrüger, Bestrafung von Charakterschwächen (Eitelkeit, Misstrauen, …).

Merkmale von Schwankerzählungen	Beispiel im „Landvogt von Greifensee"

3. Charakterisiert den Mann und die Frau aus dem Text. Beachtet insbesondere die indirekten Charakterisierungen. Arbeitet auf einem gesonderten Blatt.

Arten von epischen Texten

Lehrkrafthinweise zum Arbeitsblatt 14

Sachinformationen

Der vorliegende Text stammt aus der Novelle „Der Landvogt von Greifensee" des Schweizer Dichters Gottfried Keller (1819–1890). Es handelt sich um die dritte und letzte Novelle im ersten Band der „Züricher Novellen", die 1877 erstmals erschienen sind. Im Zentrum der Novelle steht die historische Figur des Salomon Landolt (1741–1818), dessen Tätigkeit in Greifensee bei Zürich zum Aufhänger genommen wird, um dessen gescheiterte Liebesgeschichten zu erzählen. Vgl. zu Gottfried Keller auch Arbeitsblatt 2.

Möglicher Unterrichtsverlauf

Einstieg

Noch vor dem Austeilen des Arbeitsblatts könnten die Schüler gefragt werden, ob und gegebenenfalls welche Schwänke sie kennen (am bekanntesten sind die Eulenspiegel- und Schildbürgerschwänke). Mit Blick auf Aufgabe 2 können wichtige Merkmale der Textsorte gesammelt und an der Tafel festgehalten werden. Sollte ein Schüler einen Schwank erzählen können, dann könnte er dies natürlich auch tun.

Erarbeitung Aufgabe 1

Die Aufgabe dient der Verständnissicherung. Erklärt werden müsste gegebenenfalls, was ein Drillhäuschen (Triller, Drehhäuschen) ist, nämlich ein drehbarer eiserner Käfig, in dem der Bestrafte an einem öffentlichen Ort (Rathaus, Marktplatz, …) zur Schau gestellt wurde.
Lösungsvorschlag – Der Landvogt bietet sowohl dem Mann als auch der Frau an, den jeweils anderen öffentlich zu bestrafen und so dem Geschädigten Genugtuung zu verschaffen. Während der Mann das ablehnt, weil er seine Frau trotz allem nicht so bloßstellen möchte, zeigt die Frau ihren wahren, boshaften Charakter und freut sich sehr über die Möglichkeit, ihren Mann (weiter) zu demütigen.

Erarbeitung Aufgabe 2

Die Schüler könnten hier auch zu zweit oder in Kleingruppen arbeiten (leistungsstärkere und -schwächere Schüler ggf. mischen).
Lösungsvorschlag

Merkmale von Schwankerzählungen	Beispiel im „Landvogt von Greifensee"
streichartige Handlung	kein Streich, sondern eine Falle, die aber streichartigen Charakter hat, weil sie der Bloßstellung dient
komische Personen und Situationen	sowohl der Mann (verbrühter Schädel mit büschelweise ausfallenden Haaren) als auch die Frau in ihrer Boshaftigkeit sind überzeichnet
Dialoge zwischen entgegengesetzten Parteien	es gibt zwar entgegengesetzte Parteien (Mann und Frau), die Dialoge finden aber ausschließlich mit dem Landvogt statt
derber Charakter	nicht gerade derb, allerdings im Grundkonflikt sehr schlicht, fast schon klischeehaft
Motiv	Charakterschwäche (das zänkische, boshafte Wesen der Frau)

Erarbeitung Aufgabe 3

Vorab wäre gegebenenfalls noch einmal der Unterschied zwischen direkter (z. B. Erzählerkommentar: „verurteilte das böse Weib") und indirekter Charakterisierung (die Freude über die Möglichkeit, ihren Mann zu demütigen, entlarvt die Frau) zu besprechen.
Lösungsvorschlag – Der Mann erscheint zwar ebenfalls als streitsüchtig und gibt der Frau auch Kontra, verfügt aber zugleich über Familienehre und Mitgefühl (vgl. Aufgabe 1). Im Umgang mit seiner Verbrühung erscheint er als tölpelhaft. Die Frau wird durchgehend negativ gezeichnet: „böse", das heißt rachsüchtig, verlogen und schadenfroh.

Arbeitsblatt 15

Fabel

Martin Luther: Von der Stadtmaus und der Feldmaus

Eine Stadtmaus ging spazieren und kam zu einer Feldmaus. Die tat sich gütlich an Eicheln, Gersten, Nüssen und woran sie konnte.

Aber die Stadtmaus sprach: „Was willst du hier in Armut leben! Komm mit mir, ich will dir und mir genug schaffen von allerlei köstlicher Speise."

5 Die Feldmaus zog mit ihr hin in ein herrlich schönes Haus, darin die Stadtmaus wohnte, und sie gingen in die Kammern, die voll waren von Fleisch, Speck, Würsten, Brot, Käse und allem. Da sprach die Stadtmaus: „Nun iss und sei guter Dinge. Solcher Speise habe ich täglich im Überfluss."

Da kam der Kellner und rumpelte mit den Schlüsseln an der Tür. Die Mäuse erschraken und
10 liefen davon. Die Stadtmaus fand bald ihr Loch, aber die Feldmaus wusste nirgends hin, lief die Wand auf und ab und gab schon ihr Leben verloren. Da der Kellner wieder hinaus war, sprach die Stadtmaus: „Es hat nun keine Not, lass uns guter Dinge sein." Die Feldmaus antwortete: „Du hast gut reden, du wusstest dein Loch fein zu treffen, derweil bin ich schier vor Angst gestorben. Ich will dir sagen, was meine Meinung ist: Bleib du eine Stadtmaus und friss Würste und Speck, ich
15 will ein armes Feldmäuslein bleiben und meine Eicheln essen. Du bist keinen Augenblick sicher vor dem Kellner, vor den Katzen, vor so vielen Mäusefallen, und das ganze Haus ist dir feind. Von alldem bin ich frei und bin sicher in meinem armen Feldlöchlein."

1. Die Feldmaus tat sich gütlich an ihrem Essen auf dem Land. – Klärt, was der der Ausdruck „sich an etwas gütlich tun" bedeutet.

2. Beschreibt, wie das Leben in der Stadt geschildert wird.

positive Aspekte des Stadtlebens	negative Aspekte des Stadtlebens

3. Im Original hat Luther der Fabel eine Lehre (Moral) hinzugefügt. Formuliert diese selbst.

4. Fasst mündlich zusammen, wie Luther die Bedeutung der Fabel und ihren Erfolg erklärt.

Martin Luther über die Fabel

Alle Welt hasset die Wahrheit, wenn sie einen trifft. Darum haben weise hohe Leute die Fabeln erdichtet und lassen ein Tier mit dem anderen reden, als wollten sie sagen: Wohlan, es will niemand die Wahrheit hören noch leiden, und man kann doch der Wahrheit nicht entbehren, so wollen wir sie schmücken und unter einer lustigen Lügenfarbe und lieblichen Fabeln kleiden; und weil man sie nicht will hören aus Menschenmund, dass man sie doch höre aus Tier- und Bestienmund.

5. Diskutiert: Was sagt Martin Luthers Fabel über Luxus aus?

Lehrkrafthinweise zum Arbeitsblatt 15

Sachinformationen

Während seines Aufenthaltes 1530 auf der Veste Coburg übersetze Martin Luther (1483–1546) auch Fabeln von Äsop ins Deutsche, so auch die „Von der Stadtmaus und der Feldmaus". Der Erstdruck dieser Fabeln erfolgte dann 1557 in der Jenaer Gesamtausgabe der Werke Luthers.

Möglicher Unterrichtsverlauf

Einstieg

Es bietet sich an, mit den Schülern die Merkmale der bereits aus den Jahrgangsstufen 5/6 bekannten Textsorte Fabel zu wiederholen: Eine Fabel ist eine kurze Erzählung in Versen oder Prosa, bei der Tiere wie Menschen handeln. Die Tierfiguren haben dabei festgelegte Eigenschaften (Rabe = eitel, Esel = dumm usw.). Fabeln wollen unterhalten und zugleich belehren, indem sie eine allgemeine Wahrheit zeigen. Oft handelt es sich dabei um menschliche Schwächen wie Gier, Neid oder Eitelkeit, die in einer Fabel gezeigt und damit angeprangert werden. Viele Fabeln folgen dabei einem vergleichbaren Aufbau aus Ausgangssituation, Konfliktsituation mit Aktion oder Rede sowie Reaktion oder Gegenrede und Lösung; oft wird in Fabeln außerdem eine Moral formuliert.

Erarbeitung Aufgabe 1

Indem die Schüler die Bedeutung des Ausdrucks klären, sollen sie sich zugleich bewusst machen, wie das Leben der Feldmaus charakterisiert wird. Der Feldmaus geht es nämlich auf dem Land keineswegs schlecht. Das bedeutet zugleich, dass das, was die Feldmaus in die Stadt lockt, letztlich überflüssiger Luxus ist.
Lösungsvorschlag – Der Ausdruck bedeutet „genießerisch und zufrieden etwas verzehren".

Erarbeitung Aufgabe 2

Die Schüler könnten hier auch zu zweit oder in Gruppen arbeiten.
Lösungsvorschlag

positive Aspekte des Stadtlebens	negative Aspekte des Stadtlebens
• herrlich schönes Haus • Kammern, die voll sind von Fleisch, Speck, Würsten, Brot, Käse und allem	• keinen Augenblick sicher • das ganze Haus ist einem feind

Erarbeitung Aufgabe 3

Die Aufgabe dient zunächst der Verständnissicherung, kann aber auch (noch einmal) zum Anlass genommen werden, auf die Struktur von Fabeln (vgl. die Hinweise zum Einstieg) aufmerksam zu machen.
Lösungsvorschlag – Im Original lautet die Moral: Wer reich ist, hat viel Sorge.

Erarbeitung Aufgabe 4

Lösungsvorschlag – Nach Luther ist die Fabel ein Mittel, die Wahrheit, die ansonsten gehasst wird, so zu verkleiden, dass man sie hören will oder doch besser hören kann.

Erarbeitung Aufgabe 5

Die Aufgabe könnte auch schriftlich bearbeitet (erörtert) werden. – Gegebenenfalls könnte mit den Schülern vorab der Begriff „Luxus" (= verschwenderische Fülle) geklärt werden.
Lösungsvorschlag – Mit Blick auf die Feldmaus, die ja ihre Eicheln, Gerste und Nüsse ebenfalls genießt, ließe sich sagen, dass Luxus da beginnt, wo die Befriedigung der normalen Bedürfnisse aufhört. Man beachte aber, dass es bei der Feldmaus um eine Güterabwägung geht: Ihr Frieden ist ihr einfach mehr wert als der Reichtum an Nahrung, sodass gewissermaßen ihr Luxus im Frieden besteht.

Arbeitsblatt 16

Kalendergeschichte

Johann Peter Hebel: Der kluge Sultan

Zu dem Großsultan der Türken, als er eben an einem Freitag in die Kirche gehen wollte, trat ein armer Mann von seinen Untertanen mit schmutzigem Bart, zerfetztem Rock und durchlöcherten Pantoffeln, schlug ehrerbietig und kreuzweise die Arme übereinander und sagte: „Glaubst du auch, großmächtiger Sultan, was der heilige Prophet sagt?" Der Sultan, so ein gütiger Herr war,
5   sagte: „Ja, ich glaube, was der Prophet sagt." Der arme Mann fuhr fort: „Der Prophet sagt im Alkoran[1]: ‚Alle Muselmänner (das heißt, alle Mohammedaner[2]) sind Brüder.' Herr Bruder, so sei so gut, und teile mit mir das Erbe." Dazu lächelte der Kaiser und dachte: ‚Das ist eine neue Art ein Almosen zu betteln', und gibt ihm einen Löwentaler. Der Türke beschaut das Geldstück lang auf der einen Seite und auf der anderen Seite. Am Ende schüttelt er den Kopf, und sagt: „Herr Bruder,
10 wie komme ich zu einem schäbigen Löwentaler, so du doch mehr Silber und Gold hast, als 100 Maulesel tragen können, und meinen Kindern daheim werden vor Hunger die Nägel blau, und mir wird nächstens der Mund ganz zusammenwachsen. Heißt das geteilt mit einem Bruder?" Der gütige Sultan aber hob warnend den Finger in die Höhe, und sagte: „Herr Bruder, sei zufrieden, und sage ja niemand, wie viel ich dir gegeben habe, denn unsere Familie ist groß, und wenn
15 unsere anderen Brüder alle auch kommen und verlangen ihr Erbteil von mir, so wirds nicht reichen, und du musst noch herausgeben." Das begriff der Herr Bruder, ging zum Bäckermeister Abu Tlengi, und kaufte ein Laiblein Brot für seine Kinder; der Kaiser aber begab sich in die Kirche und verrichtete sein Gebet.

[1] der Koran, die heilige Schrift des Islam
[2] damals gebräuchlicher, nicht abwertend gemeinter Ausdruck für Muslime

1. Lest die kurze Erzählung Hebels und weist an ihr die Merkmale von Kalendergeschichten nach. Arbeitet auf einem gesonderten Blatt.

2. Beschreibt genauer, welche Arten von Informationen bzw. Lehren die Kalendergeschichte Hebels enthält. Arbeitet wieder auf einem gesonderten Blatt.

Info: Kalendergeschichte
Kalendergeschichten sind im 16. Jahrhundert entstanden und waren damals oft die einzigen gedruckten Informationsquellen der Menschen, weshalb die Leser mit diesen kurzen Erzählungen nicht nur unterhalten, sondern auch belehrt werden sollen. Inhaltlich liegt den Kalendergeschichten meist eine merkwürdige Begebenheit zugrunde, also z. B. ein außergewöhnliches Ereignis. Oft geht es dabei um alltägliche Dinge, wie eine lustige Verwechslung, einen merkwürdigen Zufall, ein besonders schlaues Verhalten einer Person usw. Kalendergeschichten werden stets von einem auktorialen Er-/Sie-Erzähler erzählt.

3. Kalendergeschichten weisen oft eine hohe Ähnlichkeit zu anderen lehrhaften Textsorten auf. Mit welcher Textsorte hat Hebels Text die größte Ähnlichkeit? Kreuzt an und begründet.

Anekdote ☐   Fabel ☐   Schwank ☐   Witz ☐

Begründung: _____

Arten von epischen Texten

Lehrkrafthinweise zum Arbeitsblatt 16

Sachinformationen

Die Kalendergeschichte „Der kluge Sultan" ist erstmals 1810 im Volkskalender „Der Rheinländische Hausfreund" erschienen und wurde von Johann Peter Hebel (1760–1826) im Jahre 1811 dann auch in die berühmte Sammlung „Schatzkästlein des rheinischen Hausfreundes" aufgenommen. – Vgl. zu Hebel und der Kalendergeschichte auch die Arbeitsblätter 7 und 40.

Möglicher Unterrichtsverlauf

Einstieg

Als Einstieg bietet sich vorab ein Gespräch (insbesondere wenn Schüler muslimischen Glaubens in der Klasse sind) bzw. eine kurze Recherche über das Freitagsgebet sowie das Gebot des Teilens im Islam an. Dadurch wird nicht nur das Textverständnis erleichtert, sondern auch die spätere Auseinandersetzung mit der epischen Kleinform der Kalendergeschichte.

Erarbeitung Aufgabe 1

Zur Erläuterung kann den Schülern hier noch gesagt werden, dass die Belehrung aus guten Ratschlägen oder Hinweisen auf ein gutes und richtiges Verhalten bestehen kann. Den Lesern können aber auch fremde Länder und Städte, historische Persönlichkeiten oder geschichtliche Daten nähergebracht werden.
Lösungsvorschlag – Die Kalendergeschichte ist sehr kurz und dient der Unterhaltung (die Geschichte hat durch das Verhalten des Sultans eine heitere Note). Es wird dem Leser aber auch der Islam und die Person des damaligen türkischen Kaisers (= Sultan) nahegebracht, d. h. die Geschichte dient so auch der Belehrung. Die merkwürdige Begebenheit besteht darin, dass ein einfacher Mann es wagt, den Sultan als Bruder anzusprechen und ihn anzubetteln. Die Geschichte hat außerdem einen auktorialen Erzähler, der auch wertet (z. B. „Sultan, so ein gütiger Herr war").

Erarbeitung Aufgabe 2

Hier müssten die Schüler gegebenenfalls mithilfe von Fragen auf die richtige Lösungsspur gebracht werden. Vergleiche zum Informationsgehalt auch die Hinweise oben zum Einstieg in das Arbeitsblatt.
Lösungsvorschlag – Zu unterscheiden sind die Sachinformationen über die Türkei (Sultan bzw. Kaiser, Islam) und den Islam selbst (Koran, Freitagsgebet, Gebot des Teilens bzw. der Mildtätigkeit) von der Lehre im engeren Sinne (Hab' keine Angst vor Würdenträgern, auch das sind nur Menschen! Freue dich auch über kleine Erfolge und werde vor allem nicht gierig!).

Erarbeitung Aufgabe 3

Vergleiche zur Anekdote ausführlich Arbeitsblatt 12.
Lösungsvorschlag – Die Kalendergeschichte hat die größte Ähnlichkeit mit der Anekdote, die auch kurz ist, auf die Unterhaltung der Leser zielt und oft lehrreich ist (man erfährt etwas über eine bekannte Person und kann vielleicht sogar aus dem Geschehen selbst eine Lehre ziehen).

Weiterführender Hinweis

Die Geschichte könnte, arbeitsteilig in Gruppen, einmal aus der Sicht des Sultans und einmal aus der Sicht des armen Mannes (jeweils natürlich in der Ich-Perspektive) wiedergegeben werden. In beiden Fällen sollten die Schüler die andere Figur aus der Sicht ihrer Perspektivfigur charakterisieren (also aus der Sicht des Sultans schreiben, was er über den Bettler denkt, und umgekehrt). Anschließend könnten die Fassungen verglichen und besprochen werden (Möglichkeiten und Grenzen der personalen Ich-Erzählung im Vergleich zur auktorialen Er-Erzählung).

Arbeitsblatt 17

Legende

Klabund: Hieronymus

Hieronymus baute ein Kloster und eine Kirche mitten in die Wüste. Da kam eines Tages ein Löwe an die Kirchenpforte, der hinkte auf einem Bein und stieß ein klägliches Geschrei aus; nicht wie ein Löwe brüllte er, sondern er miaute wie eine Katze. Die Mönche gaben Fersengeld, als sie ihn sahen. Sankt Hieronymus aber ging zu ihm. Da reichte er ihm die linke Vordertatze, und Sankt
5 Hieronymus sah, dass ein Dorn darin steckte. Den zog er heraus und verband den Fuß des Löwen mit einem Fetzen, den er von seinem Mantel gerissen. Seitdem wich der Löwe nicht mehr von seiner Seite.
Der Löwe war von Sankt Hieronymus zum Hüter der Esel bestellt. Er führte sie früh auf das Feld und abends wieder heim. Eines Tages trieb er einen Zugesel zur Weide; draußen aber legte er
10 sich nieder, weil es eine große Hitze war, und entschlief. Währenddessen kam eine Karawane des Weges; die sah den Esel einsam und nahm ihn mit sich. Als der Löwe erwachte und den Esel nicht sah, erschrak er, lief hin und her und ließ sein Gebrüll in der Wüste erschallen. Aber keines Esels I-A antwortete seiner dumpfen Frage. Wo? wo? wo? Da stapfte er, den stolzen Kopf mit der gelben Mähne tief gesenkt, heimwärts. Denn er schämte sich, dass er den ihm anvertrauten
15 Dienst derart fahrlässig versehen. Die Mönche wollten ihn nicht durch die Pforte lassen; denn sie glaubten, dass er den Esel gefressen habe, gaben ihm auch nichts zu fressen und sagten: „Verdau' du erst den Esel, den du verschluckt hast!"
Sankt Hieronymus aber glaubte an des Löwen Unschuld, ließ ihn ins Kloster und befahl ihm, künftig an Stelle des Esels den Karren zu ziehen. Da schritt der stolze Löwe nun im Joch des
20 Esels. Als er eines Tages wieder auf der Weide war, zog die Karawane, die einst den Esel gestohlen, auf dem Rückweg vorüber, und an der Spitze trottete, voll bepackt mit Essenzen und Edelsteinen, des Löwen Esel. Da schrie der Löwe derart, dass die Räuber – solche waren die Karawanenreiter – vor Furcht davonliefen. Da trieb der Löwe die ganze Karawane mit dem Esel an der Spitze – wohl hundert Maultiere und Kamele, beladen mit tausend Kostbarkeiten – vor das
25 Kloster, dass die Mönche nicht wenig erstaunten, als sie den wunderbaren Zug einherschreiten sahen. Sie öffneten das Tor, und herein schritten alle Tiere, zum Beschluss aber der Löwe, der wie ein Hündlein mit dem Schwanze wedelte. Die Mönche waren hocherfreut über die sonderbare Christbescherung – denn es war gerade der Heilige Abend. Hieronymus aber befahl, dass man des Gutes gut achte und, wenn sich seine rechtmäßigen Herren meldeten, dass man es ihnen
30 wiedergebe. Aber die Räuber ließen sich aus Furcht vor dem Löwen nicht blicken, so dass nach einem Jahr all die Kostbarkeiten dem Kloster anheimfielen. Der Löwe aber war selig, dass er seinen Esel wiederhatte. Sie ließen einander nicht mehr aus den Augen, und es heißt, dass der Heilige sich oft als Dritter zu ihnen gesellte und mit ihnen in einer Sprache sprach, die niemand verstand. Er war mit dem Esel und dem Löwen befreundet wie mit Menschen, und als er starb,
35 starben der Löwe und der Esel mit ihm, und man begrub sie in demselben Grab. Himerius, Bischof von Amelia, machte, als man Hieronymus heiligsprach, den Vorschlag, auch den Esel und den Löwen heiligzusprechen. Ich weiß nicht, ob im Ernst oder etwa aus Bosheit.

1. Besprecht mündlich, welche fantastischen, nichtrealen Elemente die Geschichte aufweist.

2. Bildet Recherchegruppen und recherchiert arbeitsteilig zu Hieronymus (Wer war Hieronymus?) sowie zum Begriff „Legende" (Was versteht man in der Literatur unter einer Legende?). Informiert euch anschließend gegenseitig.

3. Diskutiert, ob es sich bei dem Text von Klabund um eine echte Legende handelt. Begründet eure Position.

Arten von epischen Texten

Lehrkrafthinweise zum Arbeitsblatt 17

Sachinformationen

Klabund (eigentlich Alfred Henschke, 1890–1928) war ein deutscher Schriftsteller, der sich sein Pseudonym nach ersten Veröffentlichungen im Jahr 1912 zugelegt hatte. Er selbst erklärte es als Zusammensetzung aus den Wörtern „Klabautermann" und „Vagabund", übersetzte es aber auch mit „Wandlung", was insofern passend erscheint, als Klabunds Werk wirklich viele Wandlungen durchlaufen hat und jedenfalls sehr vielschichtig (und im Übrigen recht umfangreich) ist. Klabund verstarb nach längerer Krankheit an Tuberkulose in Davos.

Klabund 1928

Möglicher Unterrichtsverlauf

Einstieg

Der Einstieg könnte über früher gelesene beziehungsweise besprochene Sagen erfolgen: Welche Sagen kennt ihr? An welche Merkmale von Sagen könnt ihr euch erinnern?

Erarbeitung Aufgabe 1

Die Aufgabe dient der Sicherung des Textverständnisses und knüpft zugleich an die Textsorte „Sage" (vgl. den Einstieg), indem die Schüler das Sagenhafte benennen. Zur Bewertung des „Sagenhaften" vgl. dann Aufgabe 3.
Lösungsvorschlag – Hieronymus zieht einem Löwen einen Dorn aus der Pranke; die gesamte Geschichte des Löwen (Löwe als Eselswächter, Scham des Löwen, Löwe als Eselsersatz, …)

Erarbeitung Aufgabe 2

Die Aufgabe kann auch ausgeweitet werden, indem eine Gruppe nach Informationen zum Autor Klabund (vgl. die Sachinformationen) oder Gruppen nach Beispielen für Heiligenlegenden suchen (z. B. unter http://www.heiligenlegenden.de/).
Lösungsvorschlag – Hieronymus: Sophronius Eusebius Hieronymus (347–420), Priester und Kirchenvater; Klostergründer und Übersetzer des Alten Testaments ins Lateinische (Verfasser der sog. „Vulgata"); in der Bildenden Kunst wird Hieronymus häufig mit Löwe dargestellt, weil er der Überlieferung zufolge einem Löwen einen Dorn aus der Pranke gezogen haben soll, der darauf zahm und sein treu ergebener Gefährte wurde – Legende: Sonderform der Sage; besitzt einen wahren Kern; sowohl Orts- und Zeitangaben als auch beteiligte Personen und Schauplätze sind im Kern real und werden meist genau benannt; behandelt meist vorbildhafte Ereignisse oder Lebensgeschichten von Heiligen (Ordensstifter, Apostel, Mönche) und enthalten oft religiöse Elemente

Erarbeitung Aufgabe 3

Hier sollten im Idealfall die Arbeitsergebnisse aus Aufgabe 2 direkt einfließen. Die Schüler könnten außerdem auf die Sprache als Ironiesignal aufmerksam gemacht werden (vgl. Lösungsvorschlag). – Die Aufgabe bietet sich zur Erarbeitung in Gruppenarbeit an (leistungsstärkere und -schwächere Schüler ggf. mischen).
Lösungsvorschlag – Der Text knüpft an die bekannte Legende an, der zufolge Hieronymus einem Löwen einen Dorn gezogen habe, bricht aber dann mit der Textsorte dadurch, dass er die Geschichte um den Löwen ausspinnt und vom eigentlichen Gegenstand der Legende, dem Heiligen, wegführt (bis hin zum grotesken angeblichen Vorschlag Himerius', auch den Löwen und den Esel heiligzusprechen). Hinzu kommt, dass der Text auch sprachlich von der gehobeneren Sprache in Legenden abweicht (z. B. „Mönche gaben Fersengeld", „des Gutes gut achte", „Der Löwe aber war selig").

Arbeitsblatt 18

Parabel

Giovanni Boccaccio: Ringparabel

Saladin will vom jüdischen Kaufmann Melchisedech wissen, welche der drei Religionen er für die wahre halte, die jüdische, die muslimische oder die christliche. Hierauf antwortet Melchisedech:
Mein Gebieter, die Frage, die Ihr mir vorlegt, ist schön und tiefsinnig. Soll ich aber meine Meinung darüber sagen, so muss ich Euch eine kleine Geschichte erzählen, die Ihr sogleich vernehmen sollt.

5 Ich erinnere mich, oftmals gehört zu haben, dass vor Zeiten ein reicher und vornehmer Mann lebte, der vor allen anderen auserlesenen Juwelen, die er in seinem Schatz verwahrte, einen wunderschönen und kostbaren Ring wert hielt. Um diesen seinem Werte und seiner Schönheit nach zu ehren und ihn auf immer im Besitz seiner Nachkommen zu erhalten, ordnete er an, dass derjenige unter seinen Söhnen, der den Ring, als ihm vom Vater übergeben, vorzeigen könnte, für seinen Erben gelten und
10 vor allen anderen als der vornehmste geehrt werden sollte. Der erste Empfänger des Ringes traf unter seinen Kindern eine ähnliche Verfügung und verfuhr dabei wie sein Vorfahre. Kurz, der Ring ging von Hand zu Hand auf viele Nachkommen über. Endlich aber kam er in den Besitz eines Mannes, der drei Söhne hatte, die sämtlich schön, tugendhaft und ihrem Vater unbedingt gehorsam waren, daher auch gleich zärtlich von ihm geliebt wurden. Die Jünglinge wussten, welche Bewandt-
15 nis es mit dem Ringe hatte, und da ein jeder der Geehrteste unter den Seinigen zu werden wünschte, baten alle drei einzeln den Vater, der schon alt war, inständig um das Geschenk des Ringes. Der gute Mann liebte sie alle gleichmäßig und wusste selber keine Wahl unter ihnen zu treffen. So versprach er denn den Ring einem jeden und sann über ein Mittel nach, um alle zu befriedigen. Zu diesem Ende ließ er heimlich von einem geschickten Meister zwei andere Ringe fertigen, die dem
20 ersten so ähnlich waren, dass er selbst, der doch den Auftrag gegeben hatte, den rechten kaum zu erkennen wusste. Als er auf dem Totenbette lag, gab er heimlich jedem der Söhne einen von den Ringen. Nach des Vaters Tod nahm ein jeder Erbschaft und Vorrang für sich in Anspruch, und da einer dem andern das Recht dazu bestritt, zeigte jeder, um seine Forderung zu begründen, den Ring vor, den er erhalten hatte. Da sich nun ergab, dass die Ringe einander so ähnlich waren, dass
25 niemand erkennen konnte, welcher der echte sei, blieb die Frage, welcher von ihnen des Vaters echter Erbe sei, unentschieden, und bleibt es noch heute. So sage ich Euch denn, mein Gebieter, auch von den drei Gesetzen, die Gottvater den drei Völkern gegeben und über die Ihr mich befraget. Jedes der Völker glaubt seine Erbschaft, sein wahres Gesetz und seine Gebote zu haben, damit es sie befolge. Wer es aber wirklich hat, darüber ist, wie über die Ringe, die Frage noch unentschieden.

---

1. Beantwortet die Fragen zum Text.

   a) Warum ist der Ring für die Söhne so wichtig? Was bedeutet der Ring innerhalb der Familientradition?

   b) Wie löst der Vater sein Problem, der keinen seiner drei Söhne bevorzugen will?

2. Erläutert, wie die Geschichte von den drei Ringen auf die Frage Saladins nach den drei Religionen zu übertragen ist.

_____

_____

_____

_____

3. Diskutiert: Wird sich Saladin mit der Antwort Melchisedechs zufriedengeben? Begründet eure Ansicht.

Arten von epischen Texten

Lehrkrafthinweise zum Arbeitsblatt 18

Auch wenn die Parabel als Textsorte noch nicht ihrer genauen Bestimmung nach eingeführt werden muss, sollten die Schüler gleichwohl schon erste Erfahrungen mit parabolischem Erzählen sammeln und sich bewusst machen, dass die Erzählebene (d.h. die durch das Erzählen erschaffene Bildebene) auf eine faktuale Sachebene verweisen kann und sich das Gemeinte aus dem Beispielcharakter der Bildebene erschließt.

Sachinformationen

Giovanni Boccaccios (1313–1375) berühmte und aus 100 Novellen bestehende Erzählsammlung „Dekamerone" entstand um 1350, wurde aber vollständig erstmals 1470 in Venedig gedruckt. Die daraus stammende „Ringparabel" (als Teil der dritten Erzählung des ersten Tages) erlangte in Deutschland durch Lessing und sein Drama „Nathan der Weise" (in dem Nathan eben jene Parabel in veränderter Form, aber gleicher Grundstruktur erzählt) eine besonders große Bekanntheit. Sie ist hier in der Übersetzung des heute vor allem als Dante-Forscher bekannten Karl Witte (1800–1883) wiedergegeben.

Möglicher Unterrichtsverlauf

Einstieg

Die Schüler könnten zunächst mit der Grundsituation des unlösbaren Konflikts konfrontiert werden: Wie könnte man sich verhalten, wenn man zwischen zwei Übeln wählen muss (mache ich X, beleidige ich A; mache ich X nicht, beleidige ich B; A und B sind mir aber gleich lieb). Hierbei ginge es nicht um eine konkrete Lösung, sondern um die Einsicht, dass man sich aus dem Dilemma selbst befreien muss (zum Beispiel, indem man wie Melchisedech das Dilemma auf eine andere Ebene bringt).

Erarbeitung Aufgabe 1

Die beiden Fragen zu Aufgabe 1 können mündlich besprochen werden und dienen der Verständnissicherung.
Lösungsvorschlag – a) Warum ist der Ring für die Söhne so wichtig? Was bedeutet der Ring innerhalb der Familientradition? – Es gab in dieser Familie den Brauch, dass immer derjenige, der den Ring von seinem Vater bekommt, „für seinen Erben gelten und vor allen anderen als der vornehmste geehrt werden sollte".
b) Wie löst der Vater sein Problem, der keinen seiner drei Söhne bevorzugen will? – Der Vater verspricht jedem seiner Söhne den Ring und lässt vom Original zwei täuschend echte Kopien anfertigen, sodass Original und Kopien nicht mehr zu unterscheiden sind.

Erarbeitung Aufgabe 2

Hier geht es darum, dass sich die Schüler die abschließenden Ausführungen Melchisedechs (vgl. „Jedes der Völker glaubt seine Erbschaft, sein wahres Gesetz und seine Gebote zu haben, damit es sie befolge.") und damit den Bezug der Bild- zur Sachebene klarmachen.
Lösungsvorschlag – Melchisedech behauptet, die drei Religionen seien ebenso wenig zu unterscheiden wie die drei Ringe aus der Geschichte und deswegen könne die Frage, welches die wahre, echte Religion sei, auch nicht entschieden werden.

Erarbeitung Aufgabe 3

Die Aufgabe will zur Reflexion der Geschichte auf der Bildebene wie der Sachebene anregen.
Lösungsvorschlag – Mit Melchisedechs Geschichte sind zwei Probleme verbunden: Zum einen ist nämlich die Bild- nur bedingt auf die Sachebene übertragbar, denn während sich die Ringe zum Verwechseln ähnlich sehen mögen, sind die drei Religionen sehr wohl zu unterscheiden. Zum anderen wäre aber auch dann das Problem Saladins nicht gelöst, wenn die drei Religionen wie die Ringe ununterscheidbar wären. Die Geschichte bestätigt ja vielmehr, dass zwei Ringe (Religionen) falsch sind, was die Frage Saladins umso berechtigter erscheinen lässt.

Arbeitsblatt 19

Kurzgeschichte

1. Lest den folgenden Erzähltext und notiert euch spontan eure ersten Eindrücke (z. B. zum Verhalten des Mädchens oder zur Beziehung zwischen dem Mann und dem Mädchen).

Julia Franck: Streuselschnecke

Der Anruf kam, als ich vierzehn war. Ich wohnte seit einem Jahr nicht mehr bei meiner Mutter und meinen Schwestern, sondern bei Freunden in Berlin. Eine fremde Stimme meldete sich, der Mann nannte seinen Namen, sagte mir, er lebe in Berlin, und fragte, ob ich ihn kennenlernen wolle. Ich zögerte, ich war mir nicht sicher. Zwar hatte ich schon viel über solche Treffen gehört und mir oft
5 vorgestellt, wie so etwas wäre, aber als es soweit war, empfand ich eher Unbehagen. Wir verabredeten uns. Er trug Jeans, Jacke und Hose. Ich hatte mich geschminkt. Er führte mich ins Café Richter am Hindemithplatz und wir gingen ins Kino, ein Film von Rohmer. Unsympathisch war er nicht, eher schüchtern. Er nahm mich mit ins Restaurant und stellte mich seinen Freunden vor. Ein feines ironisches Lächeln zog er zwischen sich und die anderen Menschen. Ich ahnte, was das Lächeln
10 verriet. Einige Male durfte ich ihn bei seiner Arbeit besuchen. Er schrieb Drehbücher und führte Regie bei Filmen. Ich fragte mich, ob er mir Geld geben würde, wenn wir uns treffen, aber er gab mir keins und ich traute mich nicht, danach zu fragen. Schlimm war das nicht, schließlich kannte ich ihn kaum, was sollte ich da schon verlangen? Außerdem konnte ich für mich selbst sorgen, ich ging zur Schule und putzen und arbeitete als Kindermädchen. Bald würde ich alt genug sein, um als Kellnerin zu
15 arbeiten, und vielleicht wurde ja auch eines Tages etwas Richtiges aus mir. Zwei Jahre später, der Mann und ich waren uns noch immer etwas fremd, sagte er mir, er sei krank. Er starb ein Jahr lang, ich besuchte ihn im Krankenhaus und fragte, was er sich wünsche. Er sagte mir, er habe Angst vor dem Tod und wolle es so schnell wie möglich hinter sich bringen. Er fragte mich, ob ich ihm Morphium besorgen könne. Ich dachte nach, ich hatte einige Freunde, die Drogen nahmen, aber keinen, der
20 sich mit Morphium auskannte. Auch war ich mir nicht sicher, ob die im Krankenhaus herausfinden wollten und würden, woher es kam. Ich vergaß seine Bitte. Manchmal brachte ich ihm Blumen. Er fragte nach dem Morphium und ich fragte ihn, ob er sich Kuchen wünsche, schließlich wusste ich, wie gerne er Torte aß. Er sagte, die einfachen Dinge seien ihm jetzt die liebsten, er wolle nur Streuselschnecken, nichts sonst. Ich ging nach Hause und buk Streuselschnecken, zwei Bleche voll. Sie
25 waren noch warm, als ich sie ins Krankenhaus brachte. Er sagte, er hätte gerne mit mir gelebt, es zumindest gern versucht, er habe immer gedacht, dafür sei noch Zeit, eines Tages – aber jetzt sei es zu spät. Kurz nach meinem siebzehnten Geburtstag war er tot. Meine kleine Schwester kam nach Berlin, wir gingen gemeinsam zur Beerdigung. Meine Mutter kam nicht. Ich nehme an, sie war mit anderem beschäftigt, außerdem hatte sie meinen Vater zu wenig gekannt und nicht geliebt.

erste Eindrücke: _____

_____

_____

2. Untersucht und beschreibt die Erzähltechnik (Erzähler, Erzählform und -verhalten sowie Darstellungsform).

Erzähltechnik: _____

_____

_____

Arten von epischen Texten

Arbeitsblatt 19

Kurzgeschichte

3. Stellt die Entwicklung der Beziehung zwischen dem Mädchen und ihrem Vater in ihrer zeitlichen Entwicklung dar. Übernehmt dazu die folgende Tabelle und haltet zu den beiden Aspekten zentrale Textstellen fest.

Etappen des Kennenlernens	Stand der Beziehung
„Der Anruf kam, als ich vierzehn war."	„Eine fremde Stimme meldete sich"

4. Charakterisiert die Ich-Erzählerin. Arbeitet auf einem gesonderten Blatt.

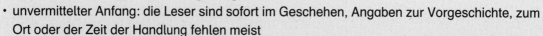

Info: Kurzgeschichte

Kurzgeschichten weisen in der Regel folgende Merkmale auf:
- unvermittelter Anfang: die Leser sind sofort im Geschehen, Angaben zur Vorgeschichte, zum Ort oder der Zeit der Handlung fehlen meist
- über die Figuren der Geschichte erfährt man nur so viel, wie für das Verständnis des Geschehens unbedingt nötig ist
- dargestellt wird häufig eine eigentlich alltägliche Situation (ein kurzer Lebensausschnitt)
- die Handlung entwickelt sich schnell (deshalb ist die Geschichte „kurz") auf den Höhepunkt hin, der zugleich meist den Schluss der Geschichte bildet
- die Geschichte findet meist eine überraschende Wendung, hat also ein Ende, das man nicht erwartet hat
- offenes Ende, das den Leser zum Nachdenken anregen will und keine Angaben zum weiteren Geschehen macht oder die Geschichte deutet

In vielen Kurzgeschichten wird außerdem das Geschehen dialogisch entfaltet, d. h. dass die Gespräche zwischen den Figuren ein wichtiger Teil der Handlung sind.

5. Weist am Text „Streuselschnecke" die Merkmale einer Kurzgeschichte nach.

Lehrkrafthinweise zum Arbeitsblatt 19

Sachinformationen

Die Erzählung „Streuselschnecke" der deutschen Schriftstellerin Julia Franck (*1970) ist im Jahr 2000 im Erzählband „Bauchlandung. Geschichten zum Anfassen" des Kölner DuMont-Verlags erschienen.

Möglicher Unterrichtsverlauf

Einstieg/Erarbeitung Aufgabe 1

Ein Einstieg über die ersten Leseeindrücke ist schon deshalb wichtig, weil jeder Leser die überraschende Wendung, dass die Ich-Erzählerin vom Vater spricht, natürlich nur einmal haben kann. Anschließend können diese ersten Leseeindrücke durch eine zweite Lektüre geprüft bzw. revidiert werden.

Erarbeitung Aufgabe 2

Vergleiche zur Darstellungsform Arbeitsblatt 2 und zur Zeitgestaltung Arbeitsblatt 4.
Lösungsvorschlag – Es handelt sich um eine personale Ich-Erzählung. Die Darstellungsform ist berichtend, die Ich-Erzählerin rafft die erzählte Zeit (über drei Jahre) stark.

Erarbeitung Aufgabe 3

Lösungsvorschlag

Etappen des Kennenlernens	Stand der Beziehung
„Der Anruf kam, als ich vierzehn war."	„Eine fremde Stimme meldete sich"
erste Verabredung	„Unsympathisch war er nicht."
Besuche bei der Arbeit	„ich traute mich nicht, danach zu fragen"
zwei Jahre später	„waren uns immer noch fremd"
ein Jahr tödlich krank	„buk Streuselschnecken" – „Er sagte, er hätte gerne mit mir gelebt"
kurz nach dem 17. Geburtstag	geht auf Beerdigung, sagt indirekt, ihren Vater gekannt und geliebt zu haben

Erarbeitung Aufgabe 4

Vgl. zur Figurencharakteristik Arbeitsblatt 8. – Die Aufgabe könnte auch in Partnerarbeit vorbereitet werden. Idealerweise arbeiten die Schüler aber die schriftliche Figurencharakteristik individuell aus.
Lösungsvorschlag – Die Ich-Erzählerin ist eine junge Frau (beim Anruf des Vaters erst 14 Jahre), die aber schon alleine, d.h. getrennt von der Familie, lebt, was zugleich bedeutet, dass sie zumindest zur Mutter wohl kein gutes Verhältnis hat. Sie ist fleißig und arbeitet neben der Schule. Ihrem Vater gegenüber hat sie zwar Berührungsängste, trifft sich aber gleichwohl mit ihm und besucht ihn dann auch. Im Laufe der Zeit erweist sie sich außerdem als fürsorglich (begleitet ihren Vater während dessen tödlicher Krankheit, backt Streuselschnecken). Sie ist außerdem selbstbewusst (vergisst, d.h. ignoriert den Wunsch des Vaters nach Morphium) und steht am Ende zu ihm und ihrer Schwester.

Erarbeitung Aufgabe 5

Auch hier könnte gegebenenfalls wieder zu zweit gearbeitet werden.
Lösungsvorschlag – Der Text hat einen unvermittelten Anfang (Telefonanruf; über die Vorgeschichte der Erzählerin und die Gründe der Trennung der Eltern wird nichts gesagt, man erfährt aber, dass sie in Berlin lebt); zunächst wird auch eine alltägliche Situation (Vater trifft die getrennt lebende Tochter) geschildert, während das Sterben des Vaters natürlich keine Alltagssituation darstellt; dadurch, dass sie ihren Vater trifft, hat die Geschichte ein unerwartetes Ende; offen endet der Text insofern, als man nicht erfährt, wie es für die Erzählerin, gerade auch in ihrer Beziehung zur Mutter, weitergeht.

Arbeitsblatt 20

Jugendroman

Käthe Recheis: Lena. Unser Dorf und der Krieg

In ihrem Jugendbuch „Lena. Unser Dorf und der Krieg" erzählt Käthe Recheis aus der Sicht des Mädchens Lena, wie sich nach dem 12. März 1938, dem Anschluss Österreichs an Deutschland durch die Nationalsozialisten, das Leben für Lena und die Menschen in ihrem Dorf ändert.

Nicht nur in unserem Dorf hatten alle für den Anschluss gestimmt, auch in den Nachbargemein-
5 den war die Wahl hundertprozentig ausgegangen. Nur in Leonding[1], wo das Elternhaus des Führers stand und seine Eltern begraben waren, hatte es angeblich eine Nein-Stimme gegeben. Eine sehr alte Frau, so wurde erzählt, habe das Nein angekreuzt, weil der Führer, als er ein Bub gewesen war, immer ihre Geiß gestoßen hatte. In der Öffentlichkeit durfte man das nicht erzählen. Zu behaupten, der Führer habe eine Geiß gestoßen, war ein noch größeres Vergehen, als eine
10 zusammengerollte Hakenkreuzfahne nicht zu grüßen. Aber gerade weil es verboten war, erzählten es sich die Leute im Dorf mit dem größten Vergnügen.

Uns Kindern gefiel die Geschichte mit der Geiß, wir bekamen nie genug, immer wieder darüber zu lachen. Als Berni, Willi und ich einmal mit ein paar Fischerdörflerkindern im Schulgarten beieinander standen und über die Geiß und den Führer kicherten, kam Hermann zu uns und wollte wissen,
15 was so lustig sei. Wir sagten, das ginge ihn nichts an, er habe nichts bei uns zu suchen und solle verschwinden. Da begann Hermann zu weinen und schrie, wir seien gemein. Er stampfte mit dem Fuß, ballte die Fäuste, machte aber ein so klägliches Gesicht, dass er uns leidtat. Wir sagten, dass er niemandem etwas verraten dürfe, weder Manfred noch seinem Vater oder seiner Mutter oder sonst jemandem auf der Welt. Wir ließen ihn schwören und fügten schreckliche Drohungen
20 hinzu, falls er den Mund nicht halten würde. Die Fischerdörfler sagten, sie würden ihn in der Traun ertränken. Willi sagte, er würde den Stier auf ihn hetzen. Nachdem wir ihn genügend eingeschüchtert hatten, erzählten wir ihm die Geschichte von der alten Frau, der Geiß und dem Führer. Hermann war glücklich, dass er an einem unserer Geheimnisse teilhaben durfte. Noch Tage später flüsterte er uns ins Ohr: „Der Führer hat die Geiß gestoßen! Ich sag`s niemanden! Großes
25 Ehrenwort!"

Ich erzählte die Geschichte auch im Schiederhaus. Frau Schieder lächelte, aber Rosa wurde zornig und behauptete, alles sei erfunden und erlogen. Auf der Kommode neben dem Führerbild stand jetzt immer ein Blumenstrauß. Rosa schnitt alle Fotos vom Führer aus den Zeitungen, klebte die Bilder in ein Poesiealbum und schmückte die Seiten mit gepressten Blumen. [...]
30 Im Mai kam Hermann Göring[2] nach Linz. Der Führer hatte versprochen, die Stadt Linz schöner zu machen, und deswegen wurde dort ein großes Stahlwerk gebaut. Hermann Göring machte den ersten Spatenstich, weil das Werk seinen Namen tragen sollte. In der Festrede sagte er, die österreichische Gemütlichkeit bei der Arbeit sei Faulheit. Das ging selbst Frau Schieder zu weit und im Dorf regten sich alle darüber auf. Immerzu wurden wir aufgefordert, so tüchtig wie die
35 Preußen zu werden! Wir hatten nichts gegen die Preußen, aber wir hatten sehr viel dagegen, dass sie uns als Vorbild hingestellt wurden.

Der Führer, der doch selber ein Österreicher war, schien von seiner Heimat nicht viel zu halten. Sogar der Name Österreich wurde verboten. Unser Land hieß jetzt Ostmark und war in Gaue aufgeteilt. Aus Oberösterreich war der Gau Oberdonau geworden.
40 „Mark" und „Gau" waren germanische Wörter, erklärte uns der Lehrer in der Schule. Er erzählte uns viel von den Germanen und sagte, wir sollten stolz sein, dass wir von ihnen abstammten. Im Heimatkundeheft standen aber die Namen all der anderen Völker, die einmal bei uns gelebt hatten: Kelten, Illyrer, Römer, und Slawen. Bloß die Bajuwaren, die ebenfalls bei uns gesiedelt hatten, waren Germanen gewesen.
45 Nicht nur in unserer Volksschule, auch in Christophs Gymnasium wurde jetzt immerfort von den Germanen und der nordischen Rasse geredet. Oswald, der Geschichtsprofessor, zitierte im

Arbeitsblatt 20

Jugendroman

Unterricht aus einem Buch, das der „Der Mythus des 20. Jahrhunderts" hieß und von einem Mann namens Alfred Rosenberg geschrieben worden war. In diesem Buch stand, dass es Arier und Nichtarier gäbe und dass die nordische Rasse reingehalten werden müsse und sich nicht mit
50 minderwertigen Rassen vermischen dürfe. Christoph erzählte mir, dass er mit seinem Religionsprofessor, dem Hausmann, darüber gesprochen hatte. Der Hausmann habe ihm bewiesen, dass der „Mythus" ein wirres Zeug sei und unmenschlich obendrein. Auf der Welt gäbe es zwar verschiedene Rassen, aber keine davon sei minderwertig. Die Völker hätten sich immer vermischt und geschadet habe das der Menschheit noch nie.

[1] Gemeinde, die direkt an Linz angrenzt
[2] wichtiger nationalsozialistischer Politiker und Vertrauter des „Führers", also von Adolf Hitler

1. Welche der folgenden Informationen geben historische Tatsachen wieder, welche sind erfunden? Kreuze an.

	wahr	erfunden
Adolf Hitler stammte aus Österreich.		
Adolf Hitler hat als Kind immer eine Geiß gestoßen.		
In Linz wurde ein Stahlwerk gebaut und nach Hermann Göring benannt.		
Alfred Rosenberg hat ein Buch mit dem Titel „Der Mythus des 20. Jahrhunderts" geschrieben.		
Religionsprofessor Hausmann hat bewiesen, dass das Buch „Der Mythus des 20. Jahrhunderts" wirres Zeug ist.		

2. Erklärt, warum die Kinder Hermann so einschüchtern, bevor sie ihm die Geschichte mit der Geiß erzählen.

3. Erklärt mithilfe von Textbelegen (Zitaten), wie Frau Schieder zum Nationalsozialismus steht.

4. Diskutiert, was der Text über die Haltung der Österreicher zur veränderten politischen Situation nach dem Anschluss aussagt.

5. Erklärt, woran man erkennt, dass es sich bei dem vorliegenden Textauszug nur um einen Ausschnitt aus einem längeren Erzähltext handelt.

Arten von epischen Texten

Lehrkrafthinweise zum Arbeitsblatt 20

Sachinformationen

Käthe Recheis (1928–2015) war eine vielfach ausgezeichnete österreichische Kinder- und Jugendbuchautorin. Das Buch „Lena. Unser Dorf und der Krieg" ist erstmals 1987 erschienen.

Möglicher Unterrichtsverlauf

Einstieg

Die Schüler könnten zunächst nach ihrem Hintergrundwissen zum Leben im Nationalsozialismus (vor dem Krieg) befragt werden. Vielleicht kennen einige Schüler auch Basisinformationen zur Biografie (konkret der Herkunft und Jugend) Hitlers.

Erarbeitung Aufgabe 1

Die Aufgabe will die Besonderheit der Erzählanlage verdeutlichen, in der historische Fakten mit fiktiven Elementen zu einem Erzählganzen verschmolzen werden. Es könnte hieran anknüpfend mit den Schülern ein erster Begriff von „Stoff" angelegt werden, indem deutlich gemacht wird, dass Literatur sich durchaus auch außerliterarischer Elemente bedienen kann, die sie dann (künstlerisch) gestaltet.
Lösungsvorschlag – Historisch richtig ist: Adolf Hitler stammte aus Österreich. – In Linz wurde ein Stahlwerk gebaut und nach Hermann Göring benannt. – Alfred Rosenberg hat ein Buch mit dem Titel „Der Mythus des 20. Jahrhunderts" geschrieben.

Erarbeitung Aufgabe 2 und 3

Die Aufgaben sichern das Textverständnis.
Lösungsvorschlag – *Aufgabe 2:* Im Text heißt es dazu: „Zu behaupten, der Führer habe eine Geiß gestoßen, war ein noch größeres Vergehen, als eine zusammengerollte Hakenkreuzfahne nicht zu grüßen." Es war also, offenbar selbst für Kinder, nicht ungefährlich, respektlos über den „Führer" zu sprechen.
– *Aufgabe 3:* Frau Schieder ist überzeugte Nationalsozialistin, was an zwei Stellen deutlich wird: Zum einen durch das Verhalten Rosas, die im Schieder-Haus lebt. Zum anderen in Frau Schieders Reaktion auf Görings Rede, die kommentiert wird mit den Worten: „Das ging selbst Frau Schieder zu weit", d. h. selbst Frau Schieder fand das übertrieben, obwohl sie eigentlich Nationalsozialistin ist.

Erarbeitung Aufgabe 4

Die Aufgabe zielt auf die Textdeutung. Selbstverständlich kann die Aufgabe in leistungsstärkeren Gruppen auch schriftlich bearbeitet werden.
Lösungsvorschlag – Einerseits wird hervorgehoben, dass die überwiegende Mehrheit für den Anschluss gestimmt hat. Auch scheint es überzeugte Nazis gegeben zu haben, wie etwa Frau Schieder oder der Lehrer von Lena. Andererseits gab es kritische Stimmen (etwa der Religionslehrer Hausmann); auch wird deutlich, dass viele Menschen die Bevormundung durch die Deutschen (Görings Rede, Umbenennung Österreichs in „Ostmark") störte. Auch Lena selbst steht den Nazis eher kritisch gegenüber: Sie erzählt die Geschichte von der Geiß, liest kritisch ihr Schulbuch und lässt sich von Christoph belehren.

Erarbeitung Aufgabe 5

Idealerweise fließen bei der Bearbeitung beziehungsweise Besprechung der Aufgabe eigene Leseerfahrungen der Schüler mit ein.
Lösungsvorschlag – Zunächst beschreibt der Text ein geistiges Klima und erzählt nichts, d. h. der Erzähltextauszug schildert keine Handlung, die doch die Hauptsache ausmachen sollte. Es werden außerdem viele Figuren erwähnt, deren Beziehung zu Lena nicht klar ist (dies gilt vor allem für Christoph) und deren Bedeutung für die Handlung unklar bleiben.

Arten von epischen Texten

Arbeitsblatt 21

Kriminalerzählung

Arthur Conan Doyle: Das Zeichen der Vier

„Sie haben ein außerordentliches Genie für kleine Nebendinge", bemerkte ich.
„Ich erkenne ihre Wichtigkeit. [...] Aber ich langweile Sie mit meinem Steckenpferde."
„Durchaus nicht", erwiderte ich eifrig. „Ich interessiere mich sehr dafür, seit ich Gelegenheit hatte, Zeuge seiner praktischen Anwendung zu sein. Sie sprachen soeben von Beobachtung und
5 Schlussfolgerung, sind diese nicht in gewissem Grade gleichbedeutend?"
„Hm – kaum."
Er lehnte sich behaglich in den Lehnstuhl zurück und blies dichte blaue Wolken aus seiner Pfeife.
„Die Beobachtung zeigt mir z. B., dass Sie heute früh in der Wigmorestraße auf der Post gewesen sind, aber die Schlussfolgerung lässt mich wissen, dass Sie dort ein Telegramm aufgegeben haben."
10 „Richtig! Beides trifft zu", rief ich. „Aber wie in aller Welt haben Sie das herausgebracht? Der Gedanke kam mir ganz plötzlich, und ich habe keiner Seele etwas davon gesagt."
„Das ist lächerlich einfach", sagte er, vergnügt über mein Erstaunen, „und erklärt sich eigentlich ganz von selbst; es kann jedoch dazu dienen, die Grenzen der Beobachtung und der Schlussfolgerung festzustellen. – Die Beobachtung sagt mir, dass ein kleiner Klumpen rötlicher Erde an
15 Ihrer Fußsohle klebt. – Nun wird aber gerade beim Postamt in der Wigmorestraße das Pflaster ausgebessert, und dabei ist die ausgeworfene Erde vor den Eingang zu liegen gekommen. Diese Erde hat eine absonderliche, rötliche Färbung, wie sie, soviel ich weiß, sonst nirgends in der Umgegend vorkommt. Das ist die Beobachtung. Das übrige ist Schlussfolgerung."
„Und wie folgerten Sie das Telegramm?"
20 „Nun ja, ich wusste natürlich, dass Sie keinen Brief geschrieben hatten, da ich den ganzen Morgen Ihnen gegenübergesessen habe. In ihrem offenen Pult dort liegt auch noch ein Vorrat von Briefmarken und Postkarten. Wozu könnten Sie also auf die Post gegangen sein, außer um eine Depesche abzugeben? – Räumt man alle andern Faktoren fort, so muss der, welcher übrig bleibt, den wahren Sachverhalt zeigen."

1. Lest den Romanauszug und erklärt mit euren eigenen Worten die beiden Begriffe „Beobachtung" und „Schlussfolgerung".

2. Ergänzt die Tabelle.

Was Holmes beobachtet hat	Was Holmes daraus geschlossen hat
• an Watsons Schuh klebt rötliche Erde	• Watson war auf der Post in der Wigmorestraße

3. Formuliert eure Arbeitsergebnisse aus Aufgabe 2 in einem zusammenhängenden Text. Verwendet *dass*-Sätze und macht die Zeitfolge durch Adverbien (dann, danach, ...) deutlich.

4. Diskutiert, was an dem Textauszug typisch für einen Kriminalroman ist.

Arten von epischen Texten

Arbeitsblatt 22

Abenteuererzählung

Karl May: Der Schatz im Silbersee

Es war um die Mittagszeit eines sehr heißen Junitags, als der „Dogfish", einer der größten Passagier- und Güterdampfer des Arkansas, mit seinen mächtigen Schaufelrädern die Fluten des Stromes peitschte. Er hatte am frühen Morgen Little Rock verlassen und sollte nun bald Lewisburg erreichen, um dort anzulegen, falls neue Passagiere oder Güter aufzunehmen seien.

5 Die große Hitze hatte die besser situierten Reisenden in ihre Kajüten und Kabinen getrieben, und die meisten der Deckpassagiere lagen hinter Fässern, Kisten und andern Gepäckstücken, welche ihnen ein wenig Schatten gewährten. Für diese Passagiere hatte der Kapitän unter einer ausgespannten Leinwand einen Bed-and-board errichten lassen, auf welchem allerlei Gläser und Flaschen standen, deren scharfer Inhalt jedenfalls nicht für verwöhnte Gaumen und Zungen

10 berechnet war. Hinter diesem Schenktisch saß der Kellner mit geschlossenen Augen, von der Hitze ermüdet, mit dem Kopfe nickend. Wenn er einmal die Lider hob, wand sich ein leiser Fluch oder sonst ein kräftiges Wort über seine Lippen. Dieser sein Unmut galt einer Anzahl von wohl zwanzig Männern, welche vor dem Tische in einem Kreise auf dem Boden saßen und den Würfelbecher von Hand zu Hand gehen ließen. Es wurde um den sogenannten „Drink" gespielt, d. h. der

15 Verlierende hatte am Schlusse der Partie für jeden Mitspielenden ein Glas Schnaps zu bezahlen. Infolgedessen war dem Kellner das Schläfchen, zu welchem er so große Lust verspürte, versagt. Diese Männer hatten sich jedenfalls nicht erst hier auf dem Steamer zusammengefunden, denn sie nannten einander „du" und schienen, wie gelegentliche Äußerungen verrieten, ihre gegenseitigen Verhältnisse genau zu kennen. Entgegengesetzt dieser allgemeinen Vertraulichkeit gab es

20 unter ihnen einen, dem eine gewisse Art von Respekt erwiesen wurde. Man nannte ihn Cornel, eine gebräuchliche Verstümmelung des Wortes Colonel, Oberst.

Dieser Mann war lang und hager; sein glatt rasiertes, scharf und spitz gezeichnetes Gesicht wurde von einem borstigen roten Kehlbarte umrahmt; fuchsrot waren auch die kurzgeschorenen Kopfhaare, wie man sehen konnte, da er den alten, abgegriffenen Filzhut weit in den Nacken

25 geschoben hatte. Sein Anzug bestand aus schweren, nägelbeschlagenen Lederschuhen, Nankingbeinkleidern und einem kurzen Jackett von demselben Stoffe. Eine Weste trug er nicht; an Stelle derselben war ein ungeplättetes, schmutziges Hemd zu sehen, dessen breiter Kragen, ohne von einem Halstuche gehalten zu werden, weit offenstand und die nackte, sonnenverbrannte Brust sehen ließ. Um die Hüften hatte er sich ein rotes Fransentuch geschlungen, aus welchem

30 die Griffe des Messers und zweier Pistolen blickten. Hinter ihm lag ein ziemlich neues Gewehr und ein leinener Schnappsack, welcher mit zwei Bändern versehen war, um auf dem Rücken getragen zu werden.

Die andern Männer waren in ähnlicher Weise sorglos und gleich schmutzig gekleidet, dafür aber sehr gut bewaffnet. Es befand sich kein einziger unter ihnen, dem man beim ersten Blicke hätte

35 Vertrauen schenken können. Sie trieben ihr Würfelspiel mit wahrer Leidenschaftlichkeit und unterhielten sich dabei in so rohen Ausdrücken, dass ein halbwegs anständiger Mensch sicher keine Minute lang bei ihnen stehen geblieben wäre. Jedenfalls hatten sie schon manchen „Drink" getan, denn ihre Gesichter waren nicht nur von der Sonne erhitzt, sondern der Geist des Branntweins führte bereits die Herrschaft über sie.

40 Der Kapitän hatte die Kommandobrücke verlassen und war aufs Achterbord zum Steuermann gegangen, um demselben einige notwendige Weisungen zu erteilen. Als dies geschehen war, sagte der letztere: „Was meint Ihr zu den Jungs, welche da vorn beim Würfeln sitzen, Kapitän? Mir scheint, es sind Boys von der Art, die man nicht gern an Bord kommen sieht."

„Denke es auch", nickte der Gefragte. „Haben sich zwar als Harvesters[1] ausgegeben, welche

45 nach dem Westen wollen, um sich auf Farmen zu verdingen, aber ich möchte nicht der Mann sein, bei welchem sie nach Arbeit fragen."

Arbeitsblatt 22

Abenteuererzählung

„Well, Sir. Ich meinesteils halte sie für richtige und wirkliche Tramps². Hoffentlich halten sie wenigstens hier an Bord Ruhe!"

„Wollte es ihnen nicht raten, uns mehr, als wir gewöhnt sind, zu belästigen. Wir haben Hands³
50 genug an Bord, sie alle in den alten, gesegneten Arkansas zu werfen. Macht Euch übrigens zum Anlegen klar; denn in zehn Minuten kommt Lewisburg in Sicht!"

Der Kapitän kehrte auf seine Brücke zurück, um die beim Landen nötigen Befehle zu erteilen. Man sah sehr bald die Häuser des genannten Ortes, welche das Schiff mit einem langgezogenen Brüllen der Dampfpfeife begrüßte. Von der Landebrücke wurde das Zeichen gegeben, dass der
55 Steamer Fracht und Passagiere mitzunehmen habe. Die bisher unter Deck befindlichen Reisenden kamen herauf, um die kurze Unterbrechung der langweiligen Fahrt zu genießen.

Ein sehr unterhaltendes Schauspiel bot sich ihnen freilich nicht. Der Ort war damals noch lange nicht von seiner jetzigen Bedeutung. Am Halteplatze standen nur wenige müßige Menschen; es gab nur einige Kisten und Pakete aufzunehmen, und die Zahl der an Bord steigenden neuen
60 Passagiere betrug nicht mehr als drei, welche, als sie die Passage bezahlten, von dem betreffenden Offizier ganz und gar nicht als Gentlemen behandelt wurden.

Der eine von ihnen war ein Weißer von hoher, außerordentlich kräftiger Gestalt. Er trug einen so kräftigen, dunklen Vollbart, dass man nur die Augen, die Nase und den oberen Teil der Wangen erkennen konnte. Auf seinem Kopfe saß eine alte Bibermütze, welche im Laufe der Jahre fast
65 kahl geworden war. Ihre einstige Gestalt zu bestimmen, war ein Werk der Unmöglichkeit; höchst wahrscheinlich hatte sie schon alle möglichen Formen gehabt. Der Anzug dieses Mannes bestand aus Hose und Jacke von starkem, grauem Leinen. In dem breiten Ledergürtel steckten zwei Revolver, ein Messer und mehrere kleine, dem Westmanne unentbehrliche Instrumente. Außerdem besaß er eine schwere Doppelbüchse, an deren Schaft, um beides bequemer tragen zu
70 können, ein langes Beil gebunden war.

¹ Erntearbeiter ² Landstreicher ³ gemeint sind: Matrosen, Arbeiter

1. Benennt, welcher Konflikt sich anbahnt.

_____

_____

_____

2. Stellt die Merkmale gegenüber, mit denen die beiden Männer Cornel und der neu hinzukommende Westmann charakterisiert werden. Diskutiert, welcher Schluss aus dieser Gegenüberstellung gezogen werden kann.

Charakterisierung Cornels	Charakterisierung des Westmanns

3. Charakterisiert stichwortartig die Erzählweise.

_____

_____

4. Diskutiert, was an dem Textauszug typisch für einen Abenteuerroman ist.

Arten von epischen Texten

Lehrkrafthinweise zu den Arbeitsblätter 21 und 22

Die beiden Arbeitsblätter fokussieren klassische Genres der Literatur. Im Anschluss an die Bearbeitung der beiden Arbeitsblätter ließen sich dann weitere Genres sammeln (Fantasy, Science Fiction, Liebesgeschichten, …), die die Schüler gerne lesen, und auf deren spezifische Besonderheiten hin untersuchen.

Sachinformationen

Der Band „Das Zeichen der Vier" war 1890 der zweite Sherlock Holmes-Roman von Arthur Conan Doyle (1859–1930), in dem es auch noch darum ging, die heute so populäre Figur den Lesern in seinen Eigenarten (hier konkret mit seiner „Deduktion", dem logischen Schließen also) bekannt zu machen.
„Der Schatz im Silbersee" gehört zu den Jugenderzählungen Karl Mays (1842–1912) und erschien erstmals 1890/1891 als Fortsetzungsgeschichte in der Zeitschrift „Der gute Kamerad".

Möglicher Unterrichtsverlauf Arbeitsblatt 21

Einstieg

Die Schüler könnten nach modernen Sherlock Holmes-Adaptionen befragt werden und sich darüber austauschen. Da in dem Auszug weder die Figur Dr. Watson noch die Figur Sherlock Holmes namentlich benannt werden, müsste ggf. vorab gesagt werden, dass der Ich-Erzähler Dr. Watson ist.

Erarbeitung Aufgaben 1 bis 3

Lösung 1: Beobachtung: das, was man sehen bzw. wahrnehmen kann – Schlussfolgerung: das, was man aus der Beobachtung ableitet, „schließt" – *Lösung 2:*

Was Holmes beobachtet hat	Was Holmes daraus geschlossen hat
• an Watsons Schuh klebt rötliche Erde	• Watson war auf der Post in der Wigmorestraße
• in Wigmorestraße liegt solche Erde	• Watson hat auf der Post in der Wigmorestraße ein Telegramm aufgegeben
• Watson hat keinen Brief geschrieben	
• Watson hat Briefmarken und Postkarten	

Lösung 4: Typisch für einen (klassischen) Kriminalroman ist das Vorhandensein eines Helden wie Sherlock Holmes, der auf der Grundlage weniger Indizien die Wahrheit entdeckt.

Möglicher Unterrichtsverlauf Arbeitsblatt 22

Lösung 1: Aufgrund der Erzählerbeschreibung einerseits (würfelspielende, schon halbbetrunkene, schlecht gekleidete Männer) und der Bewertung des Kapitäns sowie des Steuermanns andererseits (Tramps, die man ggf. in den Arkansas wirft) wird nahegelegt, dass es zu einer Rauferei kommen könnte, die wahrscheinlich der neu zugestiegene „Westmann" im Sinne der Ordnung und des Anstands klärt. – *Lösung 2:*

Charakterisierung Cornels	Charakterisierung des Westmanns
• lang und hager	• hohe, außerordentlich kräftige Gestalt
• glatt rasiertes, rotes Haar	• kräftiger, dunkler Vollbart
• abgegriffener Filzhut	• kahl gewordene Bibermütze
• Nankingbeinkleider	• Hose und Jacke von starkem, grauem Leinen
• rotes Fransentuch mit Waffen und Schnappsack	• breiter Ledergürtel mit Waffen und Gerätschaften

Es wird deutlich, dass hier schon durch das Äußere ein starker Gegensatz entsteht, der sich dann wahrscheinlich auch charakterlich manifestieren wird.
Lösung 3: auktorialer Er-Erzähler, der chronologisch erzählt und vergleichsweise ausführlich beschreibt –
Lösung 4: Typisch für einen Abenteuerroman sind fremde Länder, (potenziell) gefährliche Situationen und das Erscheinen bzw. Vorhandensein von Helden.

Arbeitsblatt 23

Gerechtigkeit I

1. Sammelt in dem Cluster, was euch spontan zum Thema „Gerechtigkeit" einfällt.

   (Gerechtigkeit)

Bertolt Brecht: Gerechtigkeitsgefühl*

Herrn K.s Gastgeber hatten einen Hund, und eines Tages kam dieser mit allen Anzeichen des Schuldgefühls angekrochen. „Er hat etwas angestellt, reden Sie sofort streng und traurig mit ihm", riet Herr K. „Aber ich weiß doch nicht, was er angestellt hat", wehrte sich der Gastgeber. „Das kann der Hund nicht wissen", sagte Herr K. dringlich. „Zeigen Sie schnell Ihre betroffene Mißbilligung, sonst leidet sein Gerechtigkeitsgefühl."

---

* Text in alter Rechtschreibung

2. Lest die Parabel „Gerechtigkeitsgefühl" und erklärt das Verhalten des Hundes aus menschlicher Sicht. Beantwortet dazu die Fragen:

   a) Was muss der Hund getan haben, dass der nun schuldbewusst angekrochen kommt?

   _____
   _____

   b) Was will der Hund damit erreichen, dass er sich so schuldbewusst zeigt?

   _____
   _____

3. Bewertet vor dem Hintergrund eurer Überlegungen zu Aufgabe 2 den Ratschlag Herrn Ks, sein Gastgeber solle „betroffene Mißbilligung" zeigen. Berücksichtigt hierbei auch die Perspektive des Hundes.

   _____
   _____
   _____
   _____

4. Diskutiert, ob und wie die Parabel auf den menschlichen Bereich zu übertragen ist. Formuliert dazu eine These, die ihr anschließend in der Klasse zur Diskussion stellt. Verständigt euch in der Gruppe auf die beste These.

   meine These zur Deutung der Parabel: _____
   _____
   _____

Arbeitsblatt 24

Gerechtigkeit II

Heinrich von Kleist: Sonderbarer Rechtsfall in England

Man weiß, dass in England jeder Beklagte zwölf Geschworne von seinem Stande zu Richtern hat, deren Ausspruch einstimmig sein muss, und die, damit die Entscheidung sich nicht zu sehr in die Länge verziehe, ohne Essen und Trinken so lange eingeschlossen bleiben, bis sie eines Sinnes sind. Zwei Gentlemen, die einige Meilen von London lebten, hatten in Gegenwart von Zeugen
5   einen sehr lebhaften Streit miteinander; der eine drohte dem andern, und setzte hinzu, dass ehe vier und zwanzig Stunden vergingen, ihn sein Betragen reuen solle. Gegen Abend wurde dieser Edelmann erschossen gefunden; der Verdacht fiel natürlich auf den, der die Drohungen gegen ihn ausgestoßen hatte. Man brachte ihn zu gefänglicher Haft, das Gericht wurde gehalten, es fanden sich noch mehrere Beweise, und 11 Beisitzer verdammten ihn zum Tode; allein der zwölfte
10 bestand hartnäckig darauf, nicht einzuwilligen, weil er ihn für unschuldig hielte.
Seine Kollegen baten ihn, Gründe anzuführen, warum er dies glaubte; allein er ließ sich nicht darauf ein, und beharrte bei seiner Meinung. Es war schon spät in der Nacht, und der Hunger plagte die Richter heftig; einer stand endlich auf, und meinte, dass es besser sei, einen Schuldigen loszusprechen, als 11 Unschuldige verhungern zu lassen; man fertigte also die Begnadigung
15 aus, führte aber auch zugleich die Umstände an, die das Gericht dazu gezwungen hätten. Das ganze Publikum war wider den einzigen Starrkopf; die Sache kam sogar vor den König, der ihn zu sprechen verlangte; der Edelmann erschien, und nachdem er sich vom Könige das Wort geben lassen, dass seine Aufrichtigkeit nicht von nachteiligen Folgen für ihn sein sollte, so erzählte er dem Monarchen, dass, als er im Dunkeln von der Jagd gekommen, und sein Gewehr losgeschos-
20 sen, es unglücklicherweise diesen Edelmann, der hinter einem Busche gestanden, getötet habe. Da ich, fuhr er fort, weder Zeugen meiner Tat, noch meiner Unschuld hatte, so beschloss ich, Stillschweigen zu beobachten; aber als ich hörte, dass man einen Unschuldigen anklagte, so wandte ich alles an, um einer von den Geschwornen zu werden; fest entschlossen, eher zu verhungern, als den Beklagten umkommen zu lassen. Der König hielt sein Wort, und der Edel-
25 mann bekam seine Begnadigung.

1. Lest die Geschichte und beantwortet mündlich die beiden folgenden Fragen.

   a) Warum gerät der eine Gentleman in den Verdacht, den anderen getötet zu haben?

   b) Warum weiß der Edelmann, dass der Angeklagte unschuldig ist?

2. Beschreibt das Dilemma, in dem sich der Edelmann nach der Tötung des Gentlemans befindet.

3. Diskutiert, was der Text über richtiges Verhalten aussagt.

4. Begründet, ob es sich bei dem Text um eine Anekdote handelt.

Lehrkrafthinweise zu den Arbeitsblättern 23 und 24

Die beiden Arbeitsblätter fokussieren das für die Altersgruppe so relevante Thema der Gerechtigkeit. Arbeitsblatt 23 regt dabei stärker die allgemeine Reflexion zu diesem Thema an und hat gleichsam vorbereitende Funktion mit Blick auf die Frage, wie man sich selbst richtig verhält (vgl. hierzu auch Arbeitsblatt 39).

Sachinformationen

Bertolt Brechts (1898–1956) Keuner-Geschichten sind über einen Zeitraum von mehr als 30 Jahren entstanden; das Gros der Geschichten ist dabei in den „Kalendergeschichten" von 1949 erschienen. Heinrich von Kleists (1777–1811) Anekdote „Sonderbarer Rechtsfall in England" erschien 1811 in den „Berliner Abendblättern". – Vgl. zu Kleist auch die Arbeitsblätter 8 und 37.

Möglicher Unterrichtsverlauf Arbeitsblatt 23

Einstieg/Erarbeitung Aufgaben 1, 2 und 3

Als Einstieg wird das Erstellen eines thematischen Clusters vorgeschlagen. Zunächst könnten die Begriffe nur gesammelt werden; anschließend sollten die Schüler den Zusammenhang ihrer Begriffe zum Thema Gerechtigkeit erläutern. Die Aufgaben 2 und 3 dienen der Verständnissicherung; dabei sollte auch deutlich werden, dass man zur Deutung der Parabel dem Hund menschliche Gefühle und Werte unterstellen muss.
Lösungsvorschlag – Aufgabe 2: a) Was muss der Hund getan haben, dass der nun schuldbewusst angekrochen kommt? – Der Hund muss etwas Verbotenes getan bzw. Schaden angerichtet haben. Er muss sich also, aus menschlicher Sicht gesprochen, schuldig gemacht haben. – b) Was will der Hund damit erreichen, dass er sich so schuldbewusst zeigt? – Indem er sich schuldbewusst zeigt, will der Hund eine milde Strafe erreichen. – *Aufgabe 3:* Der Rat, „betroffene Mißbilligung" zu zeigen, leuchtet ein: Es ist keine harte Strafe, zugleich erkennt der Hund, dass er tatsächlich Grund hatte, sich schuldbewusst zu zeigen.

Erarbeitung Aufgabe 4

Die Aufgabe zielt nicht auf eine abschließende Deutung, sondern will vielmehr eine Diskussion unter den Schülern anregen. – Nach der Diskussion können die Schüler in leistungsstärkeren Gruppen ihre Thesen auch schriftlich begründen.
Lösungsvorschlag – Die Parabel sagt, dass Schuld und Strafe letztlich dazu dienen, den Wertekanon (die „Gerechtigkeit") zu festigen (der angerichtete Schaden, hier die „Tat" des Hundes, ist dabei von nachrangiger Bedeutung).

Möglicher Unterrichtsverlauf Arbeitsblatt 24

Einstieg/Erarbeitung Aufgaben 1, 2 und 3

Die Erarbeitung kann direkt mit der Lektüre beginnen. Aufgabe 1 dient der Verständnissicherung.
Lösungsvorschlag – Aufgabe 1: a) Warum gerät der eine Gentlemen in den Verdacht, den anderen getötet zu haben? – Er hatte ihm gedroht, ihm in weniger als 24 Stunden etwas anzutun. – b) Warum weiß der Edelmann, dass der Angeklagte unschuldig ist? – Er hat ihn selbst erschossen. – *Aufgabe 2:* Das Dilemma besteht für ihn darin, dass er den Tathergang nicht beweisen kann und zugleich den unschuldig Angeklagten retten will. – *Aufgabe 3:* Der Text sagt letztlich aus, dass zwischen Recht haben und Recht bekommen ein Unterschied besteht. Manchmal muss man sich Mühe geben und klug sein, damit einem geglaubt wird.

Erarbeitung Aufgabe 4

Vergleiche zu den Merkmalen der Anekdote Arbeitsblatt 12.
Lösungsvorschlag – Der kurze Text charakterisiert zwar keine historische Person, weist aber einen pointenartigen Schluss auf, der verborgene Zusammenhänge erhellt.

Arbeitsblatt 25

Wahrheit und Lüge

Günter Kunert: Mann über Bord

Der Wind wehte nicht so stark. Bei einem Schlingern des Schiffes verlor der Matrose, angetrunken und leichtfertig tänzelnd, das Gleichgewicht und stürzte von Deck. Der Mann am Ruder sah den Sturz und gab sofort Alarm. Der Kapitän befahl, ein Boot auf das mäßig bewegte Wasser hinunterzulassen, den langsam forttreibenden Matrosen zu retten.

5 Die Mannschaft legte sich kräftig in die Riemen und schon nach wenigen Schlägen erreichten sie den um Hilfe Rufenden. Sie warfen ihm einen Rettungsring zu, an den er sich klammerte. Im näher schaukelnden Boot richtete sich im Bug einer auf, um den im Wasser Treibenden herauszufischen, doch verlor der Retter selbst den Halt und fiel in die Fluten, während eine ungeahnt hohe Woge das Boot seitlich unterlief und umwarf. Der Kapitän gab Anweisung, auf die Schwimmenden

10 und Schreienden mit dem Dampfer zuzufahren. Doch kaum hatte man damit begonnen, erschütterte ein Stoß das Schiff, das sich schon zur Seite legte, sterbensmüde, den stählernen Körper aufgerissen von einem zackigen Korallenriff, das sich knapp unter der Oberfläche verbarg. Der Kapitän versackte wie üblich zusammen mit dem tödlich verwundeten Schiff.

Er blieb nicht das einzige Opfer: Haie näherten sich und verschlangen, wen sie erreichten.

15 Wenige Seeleute gelangten in die Rettungsboote, um ein paar Tage später auf der unübersehbaren Menge salziger Flüssigkeit zu verdursten. Der Matrose aber, der vom Dampfer gestürzt war, geriet unversehrt in eine Drift, die ihn zu einer Insel trug, auf deren Strand sie den Erschöpften warf; dort wurde er gefunden, gepflegt, gefeiert als der einzige Überlebende der Katastrophe, die er selber als Folge einer Kesselexplosion schilderte, welche ihn weit in die Lüfte geschleudert

20 habe, sodass er aus der Höhe zusehen konnte, wie die Trümmer mit Mann und Maus versanken. Von dieser Geschichte konnte der einzig Überlebende auf jener Insel trefflich leben; Mitleid und das Hochgefühl, einen seines Schicksals zu kennen, ernährten ihn. Nur schien den Leuten, dass sein Verstand gelitten haben musste: Wenn ein Fremder auftauchte, verschwand der Schiffbrüchige, erblassend und zitternd und erfüllt von einer Furcht, die keiner deuten konnte: ein stetes

25 Geheimnis und daher ein steter Gesprächsstoff für die langen Stunden der Siesta.

---

1. Fasst den Inhalt der Geschichte mit euren eigenen Worten mündlich zusammen.

2. Erklärt, weshalb der Überlebende auf der Insel von seiner Geschichte „trefflich leben" kann.

3. Erklärt, warum sich der Überlebende immer verängstigt zurückzieht, wenn ein Fremder auf die Insel kommt.

4. Diskutiert folgende Behauptung (These) zur Geschichte von Kunert:

   Das Schiff ging letztlich unter, weil ein Mann über Bord gegangen ist. Deshalb heißt die Geschichte auch so.

5. Stellt dar, inwieweit die Erzählung von gewöhnlichen Kurzgeschichten abweicht. Arbeitet auf einem gesonderten Blatt.

Lehrkrafthinweise zum Arbeitsblatt 25

Sachinformationen

Diese Geschichte „Mann über Bord" des deutschen Schriftstellers Günter Kunert (*1929–2019) bildet den Anfang des Bandes „Tagträume" aus dem Jahr 1964 (der dann 1971 neu aufgelegt und um Aufsätze erweitert wurde).

Möglicher Unterrichtsverlauf

Einstieg

Es bietet sich an, mit den Schülern zunächst darüber zu sprechen, wann und warum bzw. bei welchen Gelegenheiten sie schon einmal in dem Sinne gelogen haben, dass sie die Wirklichkeit etwas verschönert haben. Ziel ist es, verschiedene Gründe für ein solches Verhalten herauszuarbeiten und so gewissermaßen schon vorab für Nachsicht für den Mann, der über Bord gegangen ist, zu werben.

Erarbeitung Aufgabe 1

Aufgabe 1 dient der ersten Verständnissicherung: Ein Schüler könnte die Geschichte zusammenfassen, die anderen helfen ihm gegebenenfalls beziehungsweise verbessern ihn.

Erarbeitung Aufgabe 2

Die Schüler könnten die Besprechung der Aufgabe auch zu zweit vorbereiten.
Lösungsvorschlag – Die Menschen auf der Insel ernähren ihn, weil sie zum einen Mitleid mit dem Mann haben und zum anderen stolz sind, jemanden zu kennen, der ein solches Unglück auf so spektakuläre Art überlebt hat.

Erarbeitung Aufgabe 3

Alternativ oder auch in Erweiterung zu der Aufgabe könnten die Schüler einen inneren Monolog aus der Sicht des Überlebenden verfassen, der seine Gefühle und Gedanken beim Eintreffen eines Fremden schildert (vergleiche im Text „Wenn ein Fremder auftauchte, verschwand der Schiffbrüchige, erblassend und zitternd und erfüllt von einer Furcht, die keiner deuten konnte"). – Vergleiche zum inneren Monolog auch Arbeitsblatt 3.
Lösungsvorschlag – Der Überlebende kann – entgegen seiner eigenen Darstellung des Unglücksverlaufes – nicht wissen, ob es nicht vielleicht noch andere Überlebende der Katastrophe gegeben hat, die dann natürlich die Wahrheit über das Unglück erzählen könnten (und damit dem Mann die Lebensgrundlage rauben würden).

Erarbeitung Aufgabe 4

Lösungsvorschlag – Auch wenn natürlich die Tatsache, dass ein Mann über Bord gegangen ist, die Unglückskette in Gang setzt, so ist es doch auch so, dass das eigentliche Unglück aus den (misslingenden) Rettungsaktionen resultiert. In diesem Zusammenhang wäre denn auch anzumerken, dass alle Rettungsversuche durch unvorhersehbare Umstände fehlschlagen und der Seemann letztlich paradoxerweise durch einen Zufall (und gerade nicht durch seine vermeintlichen Retter) gerettet wird.

Erarbeitung Aufgabe 4

Vergleiche zur Kurzgeschichte und ihren Merkmalen Arbeitsblatt 19.
Lösungsvorschlag – Die Geschichte weicht in folgenden Punkten von einer gewöhnlichen Kurzgeschichte ab: Zunächst wird alles andere als eine alltägliche Situation thematisiert. Dabei ähnelt die Erzählweise einem Bericht, bei dem ein Ereignis und seine Folgen im Mittelpunkt stehen, was auch daran liegt, dass nicht personal erzählt wird und es auch es keine direkten Reden gibt. Außerdem ist die Wortwahl vergleichsweise gehoben.

Arbeitsblatt 26

Eifersucht

Tanja Zimmermann: Eifersucht

Diese Tussi! Denkt wohl, sie wäre die Schönste. Juhu, die Dauerwelle wächst schon raus. Und diese Stiefelchen von ihr sind auch zu albern. Außerdem hat sie sowieso keine Ahnung. Von nix und wieder nix hat die `ne Ahnung.
Immer, wenn sie ihn sieht, schmeißt sie die Haare zurück wie `ne Filmdiva.
5 Das sieht doch ein Blinder, was die für `ne Show abzieht. Ja, O.K., sie kann ganz gut tanzen. Besser als ich. Zugegeben. Hat auch `ne gute Stimme, schöne Augen, aber dieses ständige Getue. Die geht einem ja schon nach fünf Minuten auf die Nerven.
Und der redet mit der ... stundenlang. Extra nicht hingucken. Nee, jetzt legt er auch noch den Arm um die. Ich will hier weg! Aber aufstehen und gehen, das könnte der so passen. Damit die ihren
10 Triumph hat.
Auf dem Klo sehe ich in den Spiegel, finde meine Augen widerlich, und auch sonst, ich könnte kotzen. Genau, ich müsste jetzt in Ohnmacht fallen, dann wird ihm das schon leidtun, sich stundenlang mit der zu unterhalten.
Als ich aus dem Klo komme, steht er da: „Sollen wir gehen?"
15 Ich versuche es betont gleichgültig mit einem Wenn-du-Willst, kann gar nicht sagen, wie froh ich bin. An der Tür frage ich, was denn mit Kirstin ist. „Oh Gott, eine Nerventante, nee, vielen Dank!" ...
„Och, ich find die ganz nett, eigentlich", murmel ich.

1. Lest die Geschichte und erschließt euch Inhalt und Aufbau, indem ihr die Tabelle ausfüllt.

	Inhalt
Einleitung, Ausgangssituation	
1. Erzählschritt	
2. Erzählschritt	
3. Erzählschritt	
Höhepunkt und Schluss	

2. Erklärt mündlich, worin die Pointe der Geschichte besteht. Bezieht den Titel „Eifersucht" in eure Überlegung mit ein.

3. Der Text enthält einen inneren Monolog der Ich-Erzählerin. Erklärt, wie im Text der innere Monolog sprachlich gestaltet ist und wie er von der direkten Rede abgegrenzt ist.

_____
_____
_____

4. Weist an der Geschichte „Eifersucht" die Merkmale einer Kurzgeschichte nach. Arbeitet auf einem gesonderten Blatt.

Lehrkrafthinweise zum Arbeitsblatt 26

Sachinformationen

Der Text „Eifersucht" von Tanja Zimmermann (* 1960) erschien erstmals 1984 im Sammelband „Total verknallt. Ein Liebeslesebuch".

Möglicher Unterrichtsverlauf

Einstieg

Vor der Lektüre könnte mit den Schülern über ihre Eifersuchtserfahrungen gesprochen werden: Wann wart ihr einmal eifersüchtig und warum beziehungsweise auf wen oder was? Beschreibt möglichst genau, wie sich Eifersucht anfühlt.

Erarbeitung Aufgaben 1 und 2

Aufgabe 1 dient der Verständnissicherung; zugleich wird die Erzählstruktur wiederholt (vergleiche hierzu Arbeitsblatt 7: Erzähltextaufbau). – Aufgabe 2 könnte selbstverständlich auch schriftlich ausgearbeitet werden.

Lösungsvorschlag – Aufgabe 1:

	Inhalt
Einleitung, Ausgangssituation	Ich-Erzählerin regt sich über das Verhalten einer anderen Frau (= Kirstin = die „Tussi" bzw. „Nerventante") ihrem Freund gegenüber auf
1. Erzählschritt	der Mann reagiert auf das Verhalten der Frau (Arm umlegen), die Erzählerin will weg
2. Erzählschritt	Erzählerin auf dem Klo, sie findet sich schrecklich
3. Erzählschritt	der Mann findet die Frau furchtbar
Höhepunkt und Schluss	Ich-Erzählerin erkennt, dass die Aufregung umsonst war, und gibt vor beziehungsweise zu, Kirstin „eigentlich" ganz nett zu finden

Aufgabe 2: Die Pointe besteht darin, dass die Erzählerin zugibt, dass ihr Kirstin eigentlich sympathisch ist, sie also aus Eifersucht so heftig reagiert und ebenfalls schlecht über die „Tussi" gedacht hat.

Erarbeitung Aufgabe 3

Vergleiche zum inneren Monolog auch Arbeitsblatt 3.

Lösungsvorschlag – Der innere Monolog ist sprachlich am mündlichen Sprachgebrauch orientiert (z. B.: „was die für 'ne Show abzieht"); anders als die direkte Rede wird er nicht durch Anführungsstriche gekennzeichnet.

Erarbeitung Aufgabe 4

Vergleiche zur Kurzgeschichte und ihren Merkmalen Arbeitsblatt 19.

Lösungsvorschlag – unvermittelter Anfang: Die Geschichte springt direkt in das Geschehen; keine Vorgeschichte; offenes Ende: es ist nicht klar, wie sich das Verhältnis zwischen Kirstin und der Erzählerin künftig gestalten wird; ebenfalls offen bleibt, ob die Erzählerin ihre Eifersucht künftig besser im Griff hat; wenige Figuren: nur drei Figuren, von denen nur eine namentlich benannt ist; kurze, lineare Handlung: es wird ohne Umwege auf den Höhepunkt hin erzählt (sogar mit Wendepunkt: Wunsch des Freundes zu gehen); knappe, verdichtete Sprache: einfache Alltagssprache, einfacher Satzbau

Weiterführender Hinweis

Der kurze Text bietet sich zur Umsetzung in eine Spielszene an, wobei alle drei Figuren gleichermaßen interessant sind: Der Mann, der die Annäherung von Kirstin eigentlich abblocken möchte (ohne dabei unhöflich oder verletzend zu sein); Kirstin, die auf sich aufmerksam machen und für sich werben möchte; die Ich-Erzählerin, die vor Eifersucht zergeht und am Ende entsprechend erleichtert ist.

Arbeitsblatt 27

Routine

Franz Hohler: Morgen im Spital[1]

Zimmerradios werden angedreht, aus denen Ländlermusik und Wetterprognosen quellen. Thermometer werden eingesteckt, herausgenommen und abgelesen, der Zahl mit einem Komma entnimmt der Patient, wie es ihm heute geht.
Es wird gebettet, Zähne werden geputzt, Waschlappen werden genetzt, Flaschen werden geleert,
5 Rasierapparate werden über Hälse gezogen, erste Leistungen.
Es wird auch mit den Schwestern gescherzt.
Und dann das Frühstück, der Kaffee, die Weggli[2], die Butter, die Konfitüre. Mit all dem ist man lange vor acht Uhr fertig und wartet nachher auf den Tag.
Kriminalromane werden vom Nachttischchen genommen und wieder zur Seite gelegt.
10 Ärzten wird erwartungsvoll in die Augen geschaut.
Über dem See verläuft der Horizont wie das Elektrokardiogramm eines Gesunden.

[1] schweizerdeutsch für „Krankenhaus"   [2] schweizerdeutsch für „Milchbrötchen"

1. Erläutert, wie Hohler die Krankenhaus-Routine anschaulich macht.

_____
_____
_____
_____

2. Untersucht die Sprache beziehungsweise die stilistischen Mittel des Textes genauer. Nennt die auffälligen Sprachverwendungen und gebt Beispiele an.

sprachliche Mittel	Beispiel

3. Formuliert, wie der Teilsatz „der Zahl mit einem Komma entnimmt der Patient, wie es ihm heute geht." gemeint sein könnte.

_____
_____
_____
_____

4. Verfasst einen Paralleltext zu Hohlers Text und beschreibt einen sich wiederholenden Vorgang eurer Wahl („Mittags in der Schulmensa", „Vor der Abfahrt des Zuges", …). Arbeitet auf einem gesonderten Blatt Papier.

Themen in epischen Texten

Lehrkrafthinweise zum Arbeitsblatt 27

Sachinformationen

Franz Hohler (*1943) ist ein vielfach ausgezeichneter Schweizer Schriftsteller, Kabarettist und Liedermacher. Sein schriftstellerisches Wirken ist – passend zum Kabarett – dabei geprägt durch Kurzformen und heitere, pointierte Inhalte. Die Kürzestgeschichte „Morgen im Spital" stammt aus dem Band „Ein eigenartiger Tag" aus dem Jahr 1979. – Vgl. zu Franz Hohler auch das Arbeitsblatt 38.

Möglicher Unterrichtsverlauf

Einstieg

Vor der Lektüre könnte mit den Schülern zunächst der Begriff „Routine" (= gewohnheitsmäßiges, übliches und erprobtes Handeln) besprochen und – mit Blick bereits auf Aufgabe 4 – Alltagsroutinen gesammelt werden (am Morgen aufstehen, Tätigkeiten in der Schule vor Unterrichtsbeginn, …).

Erarbeitung Aufgabe 1

Nach der Lektüre der Geschichte könnten die Schüler zunächst auch ihre ersten Leseeindrücke äußern.
Lösungsvorschlag – Hohler macht die Routine anschaulich, indem er fast schon langweilig banale Dinge aufzählt (z. B. das Frühstück, das man sich auch ohne die „Aufzählung „Kaffee, die Weggli, die Butter, die Konfitüre" sehr gut vorstellen könnte).

Erarbeitung Aufgabe 2

Die Aufgabe könnte in Partner- oder Gruppenarbeit zur Besprechung vorbereitet werden. – Vergleiche zum Passiv dann auch die weiterführenden Hinweise.
Lösungsvorschlag

sprachliche Mittel	Beispiel
zahlreiche Passivsätze	Zimmerradios werden angedreht
Metaphern	aus denen Ländlermusik und Wetterprognosen quellen
Ellipse (Satz hat kein Prädikat)	Und dann das Frühstück
Aufzählungen	Zähne werden geputzt, Waschlappen werden genetzt, Flaschen werden geleert
Vergleich	wie das Elektrokardiogramm eines Gesunden

Erarbeitung Aufgabe 3

Benannt werden sollte zunächst, was an der Formulierung ungewöhnlich ist (wie es ihnen geht, sollten die Patienten auch ohne Temperaturmessung wissen; die Körpertemperatur kann lediglich erklären, warum es einem besser oder auch schlechter geht).
Lösungsvorschlag – Der Satz beschreibt die Fixierung der Patienten auf bestimmte Rituale, kann aber auch als Kritik an dem blinden Vertrauen in die Medizin (statt auf die eigene Körperwahrnehmung) gelesen werden.

Erarbeitung Aufgabe 4

Inhaltlich können die Schüler ihrer Fantasie freien Lauf lassen. Wichtig wäre, dass die Schüler auch auf die sprachlich-stilistischen Mittel Franz Hohlers (vergleiche Aufgabe 1) zurückgreifen.

Weiterführender Hinweis

Aufgrund der vielen Passivformen im Text bietet sich hier eine entsprechende Vertiefung im Bereich Grammatik an. Die Schüler könnten so die Passivsätze nicht nur in Aktivsätze umwandeln (und das jeweils passende Subjekt ergänzen), sondern den ganzen Text auch ins Präteritum, Perfekt und Futur setzen (gegebenenfalls arbeitsteilig in Gruppen).

Arbeitsblatt 28

Verlegenheit

Walther Kabel: Die dummen gothaischen Hasen

Der 1893 verstorbene Herzog Ernst II. von Coburg-Gotha war ein äußerst leutseliger Herr. Kam er auf einer seiner häufigen Spazierfahrten durch ein Dorf, so fuhr er meist bei dem Ortsschulzen vor und fragte nach diesem und jenem. Dies tat er eines Tages auch in einem der Dörfer an der weimarischen Grenze.

5 Der betreffende Ortsschulze, der schon häufiger die Ehre gehabt hatte, dem Herzog über allerlei Auskunft geben zu dürfen, platzte schließlich noch mit der Neuigkeit heraus: „Hoheit, eh' ich's vergesse – der Bauer Jerster da drüben hat zwei Hasen abgerichtet, die so klug und geschickt sind wie der beste Hund. Mein Lebtag hab' ich so was noch nicht gesehen. Hoheit würden staunen."

10 Der Herzog steigt aus dem Wagen und geht in Begleitung des Schulzen zum Bauern Jerster hinüber, der wirklich Talent zum Dresseur haben muss, denn die beiden Hasen vollführen Kunststücke, die man ihnen kaum zutrauen sollte. Sie trommeln, springen über einen Stock, sogar übereinander, stellen sich auf Kommando tot, apportieren ein Taschentuch; es sind tatsächlich selten schlaue Tiere.

15 „Das war wohl nicht ganz leicht, den Tieren alles dies beizubringen?", fragt der Herzog interessiert.

„Mit Geduld und Hunger kriegt man die Biester schon zahm", meint der Bauer.

„So, so – also Hunger! – Na, und woher haben Sie denn diese schlaue Sorte von Hasen bezogen?"

20 Jerster fährt erschreckt zusammen, denn die Hasen hat er in Schlingen auf gothaischem Jagdgebiet gefangen. Also die Wahrheit darf er auf keinen Fall sagen. Er hilft sich aber mit echter Bauernschläue, indem er erwidert: „Die sind aus dem Weimarischen drüben."

Dort hatte ja Herzog Ernst nichts zu befehlen.

„Warum richten Sie eigentlich unsere hiesigen Hasen nicht ab, Jerster?", fragt Hoheit weiter.

25 Der Bauer zuckt verlegen die Achseln und stößt schließlich als Ausrede hervor: „Das geht nicht, Hoheit – die gothaischen Hasen sind viel zu dumm dazu!"

---

1. Das Wort „leutselig" bedeutet „gesellig, gesprächig, offen für die Begegnung mit anderen". Markiert im Text die Stellen, die zu dieser Bedeutungsumschreibung passen.

2. Recherchiert, was ein Schulze ist.

3. Beantwortet mündlich die folgenden Fragen zum Text.

   a) Was meint der Bauer, wenn er davon spricht, die Hasen mit „Hunger" zu zähmen?

   b) Warum darf der Bauer die Wahrheit über die Hasen nicht sagen?

   c) Was sagt die Frage des Herzogs nach „unseren hiesigen Hasen" über den Charakter des Fürsten?

   d) Warum ist der Bauer am Ende „verlegen"?

4. Lest das Gespräch zwischen dem Bauern und dem Fürsten szenisch oder spielt es.

5. Verfasst selbst eine kurze (dialogische) Geschichte über eine peinliche Situation, von der ihr gehört oder die ihr selbst erlebt habt.

Lehrkrafthinweise zum Arbeitsblatt 28

Sachinformationen

Die Anekdote „Die dummen gothaischen Hasen" von Walther Kabel (1878–1935) erschien 1912 in der „Bibliothek der Unterhaltung und des Wissens". – Vgl. zu Kabel auch das Arbeitsblatt 11.

Möglicher Unterrichtsverlauf

Einstieg

Zu Beginn könnte mit den Schülern über peinliche Situationen gesprochen und insbesondere der Frage nachgegangen werden, wie man in eine peinliche Situation gerät.

Erarbeitung Aufgabe 1

Die Schüler sollten sich hier klarmachen, dass man unbekannte Wörter oft auch aus dem Textzusammenhang heraus erschließen kann (konkret beschreibt und charakterisiert der Text den Herzog auch dann hinreichend, wenn man die genaue Bedeutung von „leutselig" nicht kennt).
Lösungsvorschlag – Im ersten Absatz sollte die Stelle „häufigen Spazierfahrten durch ein Dorf, so fuhr er meist bei dem Ortsschulzen vor und fragte nach diesem und jenem" und im zweiten Absatz die Stelle „dem Herzog über allerlei Auskunft geben zu dürfen" markiert worden sein.

Erarbeitung Aufgabe 2

Lösungsvorschlag – Schulze oder Schultheiß: Beamter, der im Auftrag seines Herren dafür sorgte, dass die Dorf- oder Gemeindebewohner ihren Verpflichtungen nachkamen (insbesondere Abgaben zahlten und sich an Recht und Ordnung hielten).

Erarbeitung Aufgabe 3

Die Aufgaben sollen das Textverständnis sichern. – Im Anschluss an die Besprechung von Teilaufgabe d) kann mit den Schülern natürlich außerdem noch über die Pointe der Geschichte gesprochen werden (durch die Behauptung, die gothaischen Hasen seien dumm, lenkt der Bauer keineswegs und wie erhofft von der dummen Frage des Fürsten ab, sondern betont die Dummheit des Gothaischen).
Lösungsvorschlag – a) Was meint der Bauer, wenn er davon spricht, die Hasen mit „Hunger" zu zähmen? – Der Bauer meint, dass das Essen für Hasen zur Belohnung wird, wenn sie tun, was er von ihnen verlangt. Wenn der Hunger groß genug ist, tun die Tiere offenbar alles. – b) Warum darf der Bauer die Wahrheit über die Hasen nicht sagen? – Der Bauer müsste zugeben, dass er gewildert hat, und würde dadurch nicht nur sich selbst, sondern auch den Dorfschulzen in Verlegenheit bringen. – c) Was sagt die Frage des Herzogs nach „unseren hiesigen Hasen" über den Charakter des Fürsten? – Die Frage des Fürsten belegt seinen leutseligen Charakter (vgl. Aufgabe 1), macht aber zugleich deutlich, dass er auch lieber redet als denkt, sonst müsste ihm ja klar sein, woher der Bauer die Hasen hat. – d) Warum ist der Bauer am Ende „verlegen"? – Der Bauer kann dem Fürsten natürlich nicht den wahren Grund dafür erklären, weshalb die Hasen angeblich aus dem Weimarischen kommen, weil sonst der Fürst womöglich merkt, dass seine Frage dumm war und/oder die Hasen gestohlen sind.

Erarbeitung Aufgabe 4 und 5

Die beiden Aufgaben verstehen sich als kreative Arbeitsimpulse, die natürlich auch nicht (beide) umgesetzt werden müssen. Sollen oder wollen die Schüler selbst eine Geschichte schreiben, so wäre wichtig zu betonen, dass sie natürlich nicht sich selbst durch eine Geschichte bloßstellen sollen. Sie können vielmehr auch eine peinliche Situation erfinden oder eine reale so stark verfremden, dass die handelnden Personen nicht mehr zu erkennen sind. Die Geschichte könnte außerdem auch in Partner- oder Gruppenarbeit verfasst werden (man sucht dann gemeinsam nach einer Situation, die man schreibend ausgestalten möchte).

Arbeitsblatt 29

Essen

Hans-Ulrich Treichel: Der Verlorene

Wenn der Vater mit dem frischen, das heißt soeben erst vom Schwein abgetrennten, noch blutigen und in Pergamentpapier gewickelten Schweinekopf nach Hause kam, mussten sich die Familienmitglieder in der Küche versammeln und den Schweinekopf betrachten. Für mich sah ein Schweinekopf wie ein anderer aus, für den Vater aber war jeder Schweinekopf ein ganz spezieller
5 Schweinekopf, und es konnte vorkommen, dass er, nachdem er den Schweinekopf auf den Küchentisch gelegt hatte, mit großer Zufriedenheit sagte: „Diesmal ist es aber ein besonders schöner Kopf." […] Zu dem Schweinekopf gehörte das Schweineblut. Das Schweineblut war dem Vater fast so wichtig wie der Schweinekopf. „Schweineblut ist Lebenssaft", sagte der Vater, und wäre es nach ihm gegangen, dann wäre ich statt mit Milch mit Schweineblut aufgezogen worden.
10 Das Schweineblut wurde in Blechkannen transportiert und musste auf schnellstem Wege vom Bauern in mein Elternhaus gebracht werden. Wenn der Vater verhindert war, zählte es zu meinen Pflichten, das Schweineblut vom Bauern zu holen. Der Transport des Blutes hätte mir normalerweise wenig ausgemacht, zumal ich die Bauernhäuser sehr gerne aufsuchte, musste man doch immer erst an den Tieren vorbeigehen, ehe man in die Wohnräume gelangte. Die Aufgabe wurde
15 mir insofern schwer, als das zu transportierende Blut direkt vom Schwein in die Kanne gefüllt wurde. Wohl hatte ich schon des Öfteren gesehen, wie die Milch von der Kuh in die Kanne kommt, aber ich hatte keine Vorstellung davon, wie das Blut vom Schwein in die Kanne kommt. Das Blut vom Schwein kam auf eine derart grausame Weise in die Kanne, dass ich es nur ein einziges Mal mit ansehen mochte und mich während meiner weiteren Bluttransporte so lange in der Küche des
20 Bauern aufhielt, bis die Kanne gefüllt war. […]
Auch wäre mir das Schweinekopfessen leichter gefallen, wenn es sich hierbei jeweils nur um ein Essen gehandelt hätte. Doch wunderbarerweise verstand es die Mutter, aus dem Schweinekopf so viele Mahlzeiten herzustellen, dass wir uns lange Zeit davon ernähren konnten. Der Schweinekopf erwies sich als ein wahres Füllhorn, das die unterschiedlichsten Speisen freigab: Schweine-
25 backe und Schweinezunge, Schweineohren und Schweineschnauze, Schweinekopfbrühe und Schweinekopfpaste. Das alles konnte geräuchert oder gegrillt, gekocht oder gebraten, gedörrt oder eingemacht werden und wurde noch ergänzt durch die Verwertung des Schweinebluts, aus dem man Suppe zubereiten konnte und Wurst, das sich zum Kuchenbacken eignete oder auch in Gläser füllen und in eingedicktem Zustand konservieren ließ. In Wahrheit reichte der Frühjahrs-
30 schweinekopf fast bis in den Herbst hinein und der Herbstschweinekopf reichte fast bis zum Frühjahr, so dass wir uns beinahe das ganze Jahr über von den Schweinekopf- und Schweineblutprodukten ernährten.

1. Fasst mündlich zusammen, was hier beschrieben wird. Unterscheidet zwischen Ereignissen, die einmalig stattgefunden haben, und sich wiederholenden Vorgängen.

2. Charakterisiert die Erzähltechnik im vorliegenden Auszug.

_____

_____

_____

3. Diskutiert die Wirkung des Textes auf euch und nennt die sprachlichen Mittel, die hierfür verantwortlich sind.

4. Schreibt einen (autobiografischen) Text, in dem ihr ein besonderes Essen oder ein besonderes Essensritual in eurer Familie beschreibt.

Lehrkrafthinweise zum Arbeitsblatt 29

Sachinformationen

Der Roman „Der Verlorene" von Hans-Ulrich Treichel (*1952) ist 1998 erschienen. Der Roman, dessen Titel auf das Gleichnis vom verlorenen Sohn verweist und auch von einem verlorenen Sohn handelt, ist sowohl verfilmt als auch für die Bühne bearbeitet. Der vorliegende Auszug ist dabei für den eigentlichen Handlungsverlauf des Romans ohne Belang.

Möglicher Unterrichtsverlauf

Einstieg

Sowohl als thematische Hinführung als auch mit Blick auf die Schreibaufgabe 4 könnten die Schüler hier nach besonderen Essenserlebnissen gefragt werden, wobei bei der Fragestellung darauf geachtet werden könnte, dass offenbleibt, ob nach positiven oder negativen Erlebnissen gefragt wird.

Erarbeitung Aufgabe 1

Lösungsvorschlag – Der Erzähler berichtet von der väterlichen Vorliebe für Schweinekopf und -blut, weshalb es im Haus des Erzählers auch regelmäßig entsprechende Routinen und Mahlzeiten gab. Ein einmaliges Erlebnis blieb es für den Erzähler dabei, zuzusehen, „wie das Blut vom Schwein in die Kanne kommt".

Erarbeitung Aufgabe 2

Die Frage nach der Erzähltechnik bereitet hier die Frage nach der Wirkung vor (vgl. Aufgabe 3).
Lösungsvorschlag – Es erzählt ein personaler Ich-Erzähler, der in der Haltung schwankt zwischen der Schilderung erinnerter Ereignisse (vor allem das Abstechen des Schweines) und der nachträglichen Verdichtung der Kindheitserinnerung aus der Distanz. Die Verdichtung erfolgt durch iteratives Erzählen (als sei etwa tatsächlich jedes Mal der Schweinekopf begutachtet worden und nicht nur gelegentlich) sowie durch Zeitraffung.

Erarbeitung Aufgabe 3

Vgl. zu dieser Aufgabe auch die weiterführenden Hinweise.
Lösungsvorschlag – Auch wenn der eine oder andere das Schweinekopfessen eklig finden könnte, werden doch wohl die meisten auch die Komik des Textes erkennen. Die Komik entsteht zum einen durch die erzählerische Verdichtung (vgl. Aufgabe 2), die in der Behauptung gipfelt, man habe „beinahe das ganze Jahr" Schweinekopf- und Schweineblutprodukte gegessen. Sprachlich wird ebenfalls durch Wiederholungen und Aufzählungen verdichtet (vgl. „Schweinebacke und Schweinezunge, Schweineohren und Schweineschnauze, Schweinekopfbrühe und Schweinekopfpaste. Das alles konnte geräuchert oder gegrillt, gekocht oder gebraten, gedörrt oder eingemacht werden").

Erarbeitung Aufgabe 4

Hier sind der Fantasie kaum Grenzen gesetzt (bei Essensritualen wäre etwa an Weihnachts- oder Geburtstagsessen zu denken). Wichtig wäre, dass die Schüler eine klare Erzählhaltung entwickeln und durchhalten (also entweder als erinnertes oder erzählendes Ich).

Weiterführende Hinweise

In Erweiterung von Aufgabe 3 könnten hier Nominalkomposita wiederholt und die Schüler dabei aufgefordert werden, alle Komposita mit „-schwein-" aus dem Text herauszuschreiben (das sind: Schweinekopf, Schweineblut, Schweinekopfessen, Schweinebacke, Schweinezunge, Schweineohren und Schweineschnauze, Schweinekopfbrühe, Schweinekopfpaste, Frühjahrsschweinekopf, Herbstschweinekopf, Schweinekopf- und Schweineblutprodukte).

Arbeitsblatt 30

Medien

1. Vergleicht die Situationen „einen Film ansehen" und „ein Buch lesen" und stellt eure Ergebnisse stichwortartig in der Tabelle gegenüber.

einen Film ansehen	ein Buch lesen
• passiv (man muss nur zusehen), bequem	• aktiv (man muss selbst lesen), anstrengend
•	•
•	•
•	•

Marie Luise Kaschnitz: Das letzte Buch

Das Kind kam spät aus der Schule heim. Wir waren im Museum, sagte es. Wir haben das letzte Buch gesehen. Unwillkürlich blickte ich auf die lange Wand unseres Wohnzimmers, die früher einmal mehrere Regale voller Bücher verdeckt haben, die aber jetzt leer ist und weiß getüncht, damit das neue plastische Fernsehen darauf erscheinen kann. Ja und, sagte ich erschrocken,
5 was war das für ein Buch? Eben ein Buch, sagte das Kind. Es hat einen Deckel und einen Rücken und Seiten, die man umblättern kann. Und was war darin gedruckt, fragte ich. Das kann ich doch nicht wissen, sagte das Kind. Wir durften es nicht anfassen. Es liegt unter Glas. Schade, sagte ich. Aber das Kind war schon weggesprungen, um an den Knöpfen des Fernsehapparates zu drehen. Die große weiße Wand fing an sich zu beleben, sie zeigte eine Herde von Elefanten, die
10 im Dschungel eine Furt durchqueren. Der trübe Fluss schmatzte, die eingeborenen Treiber schrien. Das Kind hockte auf dem Teppich und sah die riesigen Tiere mit Entzücken an. Was kann da schon drinstehen, murmelte es, in so einem Buch.

---

2. Erklärt, warum das Kind aus der Geschichte „Das letzte Buch" von dem „neuen plastischen Fernsehen" so fasziniert ist.

_____
_____
_____

3. Beschreibt, welche Einstellung die Mutter wohl zu Büchern hat.

_____
_____
_____

4. Formuliert eine mögliche Deutung zur Geschichte „Das letzte Buch".

_____
_____
_____
_____

5. Diskutiert: Wie stellt ihr euch die Zukunft der Medien vor?

Lehrkrafthinweise zum Arbeitsblatt 30

Sachinformationen
Marie Luise Kaschnitz' (1901–1974) Prosaskizze „Das letzte Buch" ist 1970 in dem Band „Steht noch dahin. Neue Prosa" erschienen.

Möglicher Unterrichtsverlauf

Einstieg/Erarbeitung Aufgabe 1
Im Idealfall ergibt sich schon hier ein (erstes) Gespräch über die Mediennutzung durch die Schüler, doch muss es weder hier noch bei den anderen Aufgaben direkt angestrebt werden.

Lösungsvorschlag

einen Film ansehen	ein Buch lesen
• passiv (man muss nur zusehen), bequem	• aktiv (man muss selbst lesen), anstrengend
• fremdbestimmt (man hat keinen Einfluss auf die Bilder, die Geschwindigkeit usw.)	• selbstbestimmt (man kann Pausen machen, schwierige Stelle ein zweites Mal lesen usw.)
• dient der Unterhaltung oder der Information	• dient der Unterhaltung oder der Information
• Bilder werden gezeigt	• Bilder entstehen im Kopf
• dauert nur ein bis zwei Stunden	• kann Tage in Anspruch nehmen

Erarbeitung Aufgabe 2
Die Aufgabe ist bewusst spekulativ und nur aus der Wahrnehmung der eigenen Vorliebe für das Medium abzuleiten.
Lösungsvorschlag – Das Kind ist wohl deshalb so fasziniert, weil es ohne Anstrengung beschäftigt wird und tolle Bilder zu sehen bekommt.

Erarbeitung Aufgabe 3
Es könnte sich hier mit Blick auf die abschließende Diskussionsfrage nach der Zukunft der Medien die Frage anschließen, warum die Mutter wohl keine Bücher mehr hat (wobei die Antwort heute, da es auch digitale Bücher und elektronische Lesegeräte gibt, sogar noch leichter fällt als früher).
Lösungsvorschlag – Auch wenn die Mutter mittlerweile keine Bücher mehr hat, so interessiert sie sich doch für Bücher (sie fragt, was in dem Buch geschrieben stand) und hat früher offenbar auch gelesen und natürlich eigene Bücher besessen.

Erarbeitung Aufgabe 4
Die Schüler könnten hier zu zweit oder auch in Kleingruppen arbeiten (leistungsstärkere und -schwächere Schüler ggf. mischen).
Lösungsvorschlag – Mit ihrem Text will die Autorin zeigen, welche Bedeutung die modernen Medien in unserer Gesellschaft haben (und offenbar auch schon 1970 hatten), sodass viele Kinder nur noch mit elektronischen Medien konfrontiert werden und gar nicht mehr lesen.

Erarbeitung Aufgabe 5
Die Diskussionsaufgabe strebt kein vorhersehbares Ergebnis an; es empfiehlt sich vielmehr, die Prognosen der Schüler als Resultate ihrer eigenen Medienvorlieben ernst zu nehmen. Feststehen dürfte wohl allein, dass digitale Medien eine immer größere Rolle (in welcher Form auch immer) spielen werden.

Weiterführender Hinweis
Alternativ, aber auch ergänzend zur Diskussionsaufgabe 5, könnten die Schüler selbst eine kurze Prosaskizze verfassen, die das Nachhausekommen eines Kindes im Jahr 2050 schildert, das sich vor dem Mittagessen noch medial entspannen möchte.

Arbeitsblatt 31

Flucht

Hermann Schulz: Flucht durch den Winter

Das 14-jährige Mädchen Ännchen kommt, nachdem ihre Eltern von den Nazis verhaftet worden sind, zu den Bauersleuten Fritsche in die Lüneburger Heide. Dort lernt sie das russische Mädchen Anna sowie den russischen Zwangsarbeiter Sergej kennen. Als sie erfährt, dass die SS die Zwangsarbeiter des Dorfes abholen will, entschließt sie spontan, Sergej zu helfen.

5 Ännchen saß noch immer auf der untersten Stufe des Hochsitzes. Auch viel später hätte sie nicht erklären können, warum sie nicht einfach auf den Fritsche-Hof zurückgekehrt war. Es wäre einfach gewesen. Sie hatte nicht wirklich vorgehabt, den Russen zu begleiten, nur einmal ganz kurz daran gedacht, aber jetzt war sie sich sicher.

Sergej war schweigend stehen geblieben. Schließlich steckte er die Pistole in die Tasche seines 10 Mantels [...].

„Komm", sagte er, „wir müssen bei Nacht gehen. Wenn es nicht bald wieder schneit, finden sie unsere Spuren sowieso. Sie suchen mit Hunden, verstehst du? Dagegen kann man nichts machen. Aber vielleicht haben wir Glück."

Sie gingen durch ein kleines Waldstück. Bredenbock lag im Dunkeln, von Tollendorf herüber
15 sahen sie schwache Lichter. Sie gingen über die Felder, in weitem Bogen an Tollendorf vorbei und auf die tiefen Wälder zu, wo es, wie Ännchen wusste, nur noch wenige Dörfer gab. Es war beschwerlich, auf den Feldern zu gehen. Die gepflügte Erde war gefroren, Ännchen fiel ein paar Mal und es tat weh. Schweigend wartete Sergej, bis sie sich aufgerappelt hatte. Sie war froh, als sie wieder den Wald erreichten. Hier konnte man leichter gehen, auch wenn es dunkel war. Ihre
20 Schritte waren leise. Nur manchmal knackten Äste unter den Schuhen. Der Russe ließ sie vorangehen und sie überlegte, ob er misstrauisch war.

„Ich bin keine, die andere verrät", sagte sie.

Er schwieg, richtete seinen Blick unruhig zum Himmel. An jeder Biegung des Weges hielt er das Mädchen an und schaute sich um wie ein wachsamer Fuchs. Schließlich blieb er stehen und
25 sagte, als habe er lange nachgedacht: „Du bist eine Deutsche, oder?" Sie nickte. Er sah sie ratlos an.

„War das Annas Idee, dass ich flüchten soll?", fragte er.

„Nein", sagte sie und erzählte von dem Abendgespräch am Tisch bei Bauer Fritsche und dass sie es Anna erzählt hatte.

30 „Fritsche ist ein guter Mann." Die letzten Worte hatte er vor sich hingemurmelt. Sie wusste nicht, was er damit meinte und ob ihnen das helfen würde.

Sie zog das Messer aus dem Mantel und zeigte es, als brauche sie noch einen Beweis für ihre Zuverlässigkeit. Er nickte und gab es ihr zurück.

„Ich habe die Pistole, du das Messer!", sagte er und lächelte. Es begann in dichten Flocken zu
35 schneien. Ihre Mütze und sein Hut waren bald bedeckt und das Gehen wurde im höheren Schnee beschwerlich. Als der Morgen schon dämmerte, schmerzten Ännchen die Füße und sie fühlte sich erschöpft.

„Wir können nicht bis Russland gehen", sagte er plötzlich und blieb stehen. [...] „Wir kommen nicht mal über die Elbe", sagte er. „Weißt du, wie weit Russland ist?"

40 Er lachte und ging weiter. Ratlos folgte sie ihm.

„Woher weißt du das?", fragte sie.

„Ich bin schon siebzehn, aber die Deutschen haben es nicht herausbekommen. Ich habe immer gesagt, ich sei dreizehn. Sie haben es geglaubt, weil ich so klein bin." Er lachte wieder. „Ich kann auch Deutsch und sie wissen es nicht. Alle im Dorf haben gesagt, ich sei dumm. Sollen sie mich
45 ruhig für dumm halten! So konnte ich ihnen besser aus dem Weg gehen. Manchmal muss man sich dumm stellen."

Themen in epischen Texten

Arbeitsblatt 31

Flucht

„Woher hast du die Pistole?", fragte Ännchen
„Von Anna. Sie hat sie geklaut", sagte er und schritt schneller aus. Es wurde heller und ein Waldrand kam in Sicht. Der Schnee war noch dichter geworden und sie konnten kaum zehn Meter
50 weit sehen.
Sergej bedeutete ihr mit einer Handbewegung, unter den Bäumen auf ihn zu warten, und er machte sich an einem Heuschober zu schaffen. Ännchen blieb im Schatten und wusste zuerst nicht, was er wollte. Er wühlte sich hinein, bohrte ein tiefes Loch. Eine Zeit lang hörte sie sein schnauben und dann war er ganz verschwunden. Mit den Füßen voran kam er wieder zum
55 Vorschein.
Er hatte im Innern des Heuschobers einen Raum ausgeweitet und forderte sie auf, hineinzukriechen. Es roch stickig und sie hatte Angst, keine Luft mehr zu bekommen.
„Keine Sorge", sagte er, „wenn wir erst einmal drin sind, sorge ich für Luft." Sie krümmte sich in eine Ecke und hörte im Dunkeln, wie er arbeitete und schnaufte. Als das Rascheln endlich
60 aufhörte, war sie schon eingeschlafen.

1. Lest die Auszüge aus dem Jugendroman „Flucht durch den Winter" gründlich und fasst die wichtigsten Handlungsschritte zusammen, indem ihr die Tabelle ausfüllt.

Ort	Zeit	Handlung

2. Schreibt aus dem Text zwei Beispiele für direkte Charakterisierungen von Sergej heraus.

_____

_____

3. Findet für die indirekten Charakterisierungen jeweils eine Erklärung.

indirekte Charakterisierungen	Erklärung
„Aber vielleicht haben wir Glück."	
„Wir können nicht bis Russland gehen"	
„Manchmal muss man sich dumm stellen."	
hörte im Dunkeln, wie er arbeitete und schnaufte.	

4. „Fritsche ist ein guter Mann." – Erklärt, was Sergej damit sagen will.

_____

_____

5. Schreibt aus dem Text jeweils ein Beispiel heraus für eine Rückblende, für zeitraffendes, für zeitdeckendes und für zeitdehnendes Erzählen. Arbeitet auf einem gesonderten Blatt.

6. Was denkt ihr? Gelingt Sergej und Ännchen die Flucht vor der SS? Begründet eure Meinung.

Lehrkrafthinweise zum Arbeitsblatt 31

Das Arbeitsblatt verlagert das hochaktuelle Thema Flucht bewusst in die Vergangenheit, um das Sprechen über Erlebnisse auf der Flucht zu erleichtern. Schüler, die Fluchterlebnisse sammeln mussten, sollten die Gelegenheit haben, sich zu äußern, sollten aber auch nicht gedrängt werden.

Sachinformationen

Der Jugendroman „Flucht durch den Winter" des deutschen Schriftstellers Hermann Schulz (* 1938) erschien erstmals 2002.

Möglicher Unterrichtsverlauf

Einstieg

Die Schüler könnten zu ihrem Vorwissen über Zwangsarbeiter im Dritten Reich befragt bzw. darüber informiert werden, dass es während dieser Zeit viele Zwangsarbeiter gab, die oft unter schlimmsten Bedingungen zu arbeiten hatten.

Erarbeitung Aufgabe 1

Die Aufgabe könnte auch in Partnerarbeit zur Besprechung vorbereitet werden.

Lösungsvorschlag

Ort	Zeit	Handlung
Hochsitz	Anfang der Nacht	Entschluss zur Flucht, Aufbruch
im Wald, unterwegs	während der Nacht	Ännchen gewinnt das Vertrauen von Sergej
im Wald, Nähe zum Waldrand	Morgendämmerung	Sergejs Erklärung, wie er den Deutschen etwas vorgemacht hat
Heuschober	früher Morgen	Sergej findet und richtet eine Schlafstelle

Erarbeitung Aufgaben 2 und 3

Die Aufgaben 2 und 3 können zum Anlass genommen werden, die Schüler eine schriftliche Charakterisierung von Sergej verfassen zu lassen. – Vgl. zur Figurencharakteristik auch Arbeitsblatt 8.
Lösungsvorschlag – Aufgabe 2: vorsichtig (vgl. „wie ein wachsamer Fuchs"); nachdenklich, überlegt (vgl. „als habe er lange nachgedacht"); vorsichtig (vgl. „ob er misstrauisch war") – *Aufgabe 3:*

indirekte Charakterisierungen	Erklärung
„Aber vielleicht haben wir Glück."	optimistisch
„Wir können nicht bis Russland gehen"	praktisch, realistisch
„Manchmal muss man sich dumm stellen."	schlau, vorausschauend
hörte im Dunkeln, wie er arbeitete und schnaufte.	fleißig, zuverlässig

Erarbeitung Aufgabe 5

Vergleiche zur Zeitgestaltung in Texten auch das Arbeitsblatt 4.
Lösungsvorschlag – Rückblende: „Von Anna. Sie hat sie geklaut", sagte er und schritt schneller aus. – zeitraffend: Es wurde heller und ein Waldrand kam in Sicht. – zeitdeckend: direkte Rede – zeitdehnend: Gedanken („Ännchen saß noch immer auf der untersten Stufe des Hochsitzes. Auch viel später hätte sie nicht erklären können, warum sie nicht einfach auf den Fritsche-Hof zurückgekehrt war. …")

Erarbeitung Aufgabe 6

Die Aufgabe versteht sich als abschließender Gesprächsimpuls. Die Schüler sollten ihre Meinung im Idealfall durch Bezug auf den Text begründen.

Arbeitsblatt 32

Unsinn

Kurt Kusenberg: Nihilit

Ein Mann Namens Rotnagel erfand einen neuen Klebstoff, der sehr vertrauenswürdig aussah und nach Oleander duftete; viele Frauen bedienten sich seiner, um angenehm zu riechen. Gegen diese Unsitte kämpfte Rotnagel heftig an – er wünschte, dass seine Erfindung sinngemäß verwendet werde. Gerade das aber bot Schwierigkeiten, denn der neue Klebstoff klebte nichts, jedenfalls
5 nichts Bekanntes. Ob Papier oder Metall, Holz oder Porzellan – keines von ihnen haftete am gleichen oder an einem fremden Material. Bestrich man einen Gegenstand mit dem Klebstoff, so glitzerte dieser vielversprechend, aber er klebte nicht, und darauf kam es ja eigentlich an. Trotzdem wurde er viel benutzt, weniger aus praktischen Gründen, sondern wegen des herrlichen Oleanderduftes.
10 Rotnagel war kein Narr. Er sagte sich: ein Klebstoff, der nichts klebt, verfehlt seinen Zweck; es musste also etwas erfunden werden, das sich von ihm kleben lässt. Sicherlich wäre es einfacher gewesen, die Erzeugung einzustellen oder seinen Missbrauch durch die Frauen hinfort zu dulden, doch der bequeme Weg ist verächtlich. Darum gab Rotnagel drei Jahre seines Lebens daran, einen Werkstoff zu entdecken, der sich von dem Klebstoff kleben ließ, allerdings nur von diesem.
15 Nach langem Überlegen nannte Rotnagel den neuen Werkstoff Nihilit. In der Natur kam Nihilit nicht rein vor, man hat auch nie einen Stoff finden können, der ihm von ferne glich; es wurde mit Hilfe eines überaus verwickelten Verfahrens künstlich erzeugt. Nihilit hatte ungewöhnliche Eigenschaften. Es ließ sich nicht schneiden, nicht hämmern, nicht bohren, nicht schweißen, nicht pressen und nicht walzen. Versuchte man dergleichen, so zerbröckelte es, wurde flüssig oder
20 zerfiel zu Staub; manchmal freilich explodierte es. Kurzum, man musste von jeder Verarbeitung absehen.
Für Zwecke der Isolation kam Nihilit nicht recht in Frage, weil es sehr unzuverlässig war. Bisweilen isolierte es Strom oder Wärme, bisweilen nicht; auf seine Unzuverlässigkeiten konnte man sich allerdings verlassen. Ob Nihilit brennbar sei, blieb umstritten; fest stand nur, dass es im
25 Feuer schmorte und einen ekelhaften Geruch verbreitete. Dem Wasser gegenüber verhielt sich Nihilit abwechslungsvoll. Im Allgemeinen war es wasserfest, doch kam auch vor, dass es Wasser gierig in sich aufsog und weitergab. Ins Feuchte gebracht, weichte es auf oder verhärtete, je nachdem. Von Säuren wurde es nicht angegriffen, griff aber seinerseits die Säuren heftig an.
Als Baumaterial war Nihilit schlechterdings nicht zu gebrauchen. Es stieß Mörtel geradezu
30 unwillig ab und faulte, sobald es mit Kalk oder Gips beworfen wurde. Dem erwähnten Klebstoff war es gefügig, doch was half das bei der Neigung zu plötzlichem Zerfall? Wohl ging es an, zwei Stücke Nihilit so fest aneinander zu kleben, dass sie untrennbar wurden, aber das führte auch nicht weiter, denn das nun größere Stück konnte jeden Augenblick zerbröckeln, wenn nicht gar mit lautem Getöse zerspringen. Deswegen sah man davon ab, es im Straßenbau zu verwenden.
35 Aus den Zerfallserscheinungen des Nihilits wiederum war kaum etwas zu profitieren, weil keinerlei Energien dabei frei wurden. Zu wiederholten Malen wurde festgestellt, dass der neue Werkstoff sich nicht aus Atomen zusammensetzte; sein spezifisches Gewicht schwankte ständig. Nihilit hatte, das sei nicht vergessen, eine widerliche Farbe, die dem Auge wehtat. Beschreiben kann man die Farbe nicht, weil sie keiner anderen vergleichbar war.
40 Wie man sieht, wies Nihilit im Grunde wenig nützliche Eigenschaften auf, doch ließ es sich mit Hilfe des Klebstoffs kleben, und dazu war es ja erfunden worden. Rotnagel stellte den neuen Werkstoff in großen Mengen her, und wer den Klebstoff kaufte, erwarb auch Nihilit. Obwohl die Explosionsgefahr nicht gering war, lagerten viele Menschen ansehnliche Bestände bei sich ein, denn sie liebten es, mit dem Klebstoff umzugehen, weil er so herrlich nach Oleander duftete.

Arbeitsblatt 32

Unsinn

1. Diskutiert: Ist ein Klebstoff, der nichts klebt, eigentlich ein Klebstoff? – Erklärt in diesem Zusammenhang, warum Rotnagel „Nihilit" erfindet.

   Warum Rotnagel „Nihilit" erfindet: _____

2. Arbeitet heraus, welche Eigenschaften Nihilit zugesprochen werden. Unterscheidet die Eigenschaften danach, ob sie physikalisch möglich oder unmöglich sind. Füllt die Tabelle stichwortartig aus.

physikalisch mögliche Eigenschaften	physikalisch unmögliche Eigenschaften

3. Charakterisiert Rotnagel. Notiert stichwortartig wichtige Charaktereigenschaften.

4. Vergleicht die Situation am Anfang und am Ende.

5. Diskutiert: Ist die Geschichte eine Parabel, d. h. lässt sich auf einen Bereich der wirklichen Welt sinnvoll übertragen? Haltet vor der Diskussion euren Standpunkt schriftlich fest.

Lehrkrafthinweise zum Arbeitsblatt 32

Sachinformationen

Die Geschichte „Nihilit" des deutschen Schriftstellers und Kunstkritikers Kurt Kusenberg (1904–1983; vgl. zu Kusenberg auch Arbeitsblatt 10) erschien unter anderem 1998 im Band „Zwist unter Zauberern".

Möglicher Unterrichtsverlauf

Einstieg

Den Schülern könnte erläutert werden, dass der Name des Baustoffes sich vom lateinischen Wort nihil „nichts" ableitet. Anschließend könnten die Schüler darüber spekulieren, welche Eigenschaften wohl ein Stoff haben könnte, der „Nihilit" („Nichtstoff") heißt. – Man beachte, dass schon der Stoffname ein Widerspruch in sich ist.

Erarbeitung Aufgabe 1

Die Aufgabe versteht sich als erster Hinweis auf die gedanklichen Widersprüche (Paradoxien), die gerade die Komik des Textes ausmachen.
Lösungsvorschlag – Hier ist zunächst festzuhalten, dass sogar der Erfinder des Klebstoffs Rotnagel erkennt, dass „ein Klebstoff, der nichts klebt, ... seinen Zweck [verfehlt]". Dennoch geht auch Rotnagel weiter davon aus, dass sein Klebstoff trotzdem ein Klebstoff ist. – Rotnagel erfindet den Werkstoff, weil er möchte, dass es etwas gibt, das man mit dem von ihm zuvor erfundenen Klebstoff auch kleben kann. Dies tut er, weil „der bequeme Weg ... verächtlich" ist, er also den Missbrauch des Klebstoffes nicht hinnehmen oder gar seine Produktion einstellen möchte.

Erarbeitung Aufgabe 2

Die Lösung der Aufgabe könnte ggf. auch fächerübergreifend diskutiert werden. Hier geht es in erster Linie um die Charakteristik des Werkstoffes, die auch in sich widersprüchlich ist (z. B. kann ein Stoff von Säure nicht angegriffen werden, greift dann aber natürlich auch Säuren nicht an und umgekehrt).
Lösungsvorschlag

physikalisch mögliche Eigenschaften	physikalisch unmögliche Eigenschaften
• nicht rein in der Natur vorhanden • lässt sich nicht bearbeiten, sondern zerfällt • schmort im Feuer und stinkt • wird von Säuere nicht angegriffen • greift Säure an • stößt Mörtel ab • fault im Kontakt mit Gips • hat widerliche Farbe	• isoliert manchmal Strom und Wärme, manchmal nicht • verhält sich dem Wasser / der Feuchte gegenüber abwechslungsvoll • setzt beim Verfall keinerlei Energien frei • besteht nicht aus Atomen • spezifisches Gewicht schwankt ständig

Erarbeitung Aufgabe 3

Vergleiche zur Figurencharakteristik auch Arbeitsblatt 8.
Lösungsvorschlag – Rotnagel „ist kein Narr", weil er ein Stück weit die Realität erkennt; zugleich ist er aber unpragmatisch („der bequeme Weg ist verächtlich"). Rotnagel ist konsequent, fleißig und nicht an Geld interessiert.

Erarbeitung Aufgaben 4 und 5

Beide Aufgaben zielen auf die Textdeutung. Festzuhalten ist hier, dass auch nach der Erfindung Nihilits der Klebstoff nur wegen seines Oleanderduftes verwendet wird. Dennoch kaufen die Menschen dazu etwas gänzlich Überflüssiges, ja Gefährliches. Auch wenn hier Kritik am Konsumverhalten durchschimmert, spricht doch vieles dafür, dass es sich eher um eine Lügengeschichte ohne parabolische Bedeutung handelt.

Arbeitsblatt 33

Einen Paralleltext verfassen

Peter Maiwald: Der Faden

Alles dürfen wir, nur nicht den Faden verlieren. Wer auf sich hält, behält den roten. Die Besseren schwören auf Ariadnes Garn, ein Zwirn, aus dem sich, bei einigem Geschick, leicht ein gordischer Knoten knüpft. Zur Not lässt sich daran auch noch ein Damoklesschwert hängen.

Nur nicht den Faden verlieren! Es hängt sowieso alles daran, und meistens an einem seidenen.

5 Das Haar, an dem früher alles hing, hat ausgedient. Wir bevorzugen Fäden, die man spinnen und ziehen kann, im Gegensatz zum Draht, den wir auch benutzen, dessen Zieher aber einen üblen Ruf haben.

Wie fadenscheinig, rufen wir, wenn wir einmal nicht alle Fäden in der Hand behalten. Wie fad, wenn einer nicht durch unser Nadelöhr geht.

10 Auf keinen Fall dürfen wir unseren Faden verlieren. Wenn wir keinen Faden mehr besitzen, können wir nichts mehr einfädeln, geschweige denn unsere Marionetten halten. Unser Leben hängt an einem Faden.

Wie sollten wir, wenn wir unseren Faden verlieren, unsere Kinder ziehen und erziehen? Wie sollten wir, wenn wir den Faden verlieren, unsere Nachbarn hängen lassen? Und wie sollten wir,

15 ohne Faden, unsere Feinde umgarnen?

Nichts gelänge uns mehr ohne unseren Faden! Kein Problem, das sich ohne ihn lösen ließe. Keine Schwierigkeit, aus der wir ohne ihn herauskämen. Ohne Faden könnten wir gleich den Strick nehmen. Ohne Faden hätten wir nichts mehr zu lachen. Denn wer den Faden hat, braucht für Gott nicht zu sorgen.

---

1. Lest den Text und besprecht bzw. recherchiert, was mit den folgenden Ausdrücken (heute) gemeint ist.

   Ariadnefaden: _____

   _____

   gordischer Knoten: _____

   _____

   Damoklesschwert: _____

   _____

2. Welche anderen Redensarten bzw. feste Wendungen könnt ihr in dem Text Maiwalds entdecken? Schreibt sie heraus.

   _____

   _____

   _____

3. Erklärt, warum „wir" den Faden nicht verlieren sollten? Wofür dient der Faden laut Text?

   _____

   _____

   _____

4. Verfasst einen Paralleltext zu Peter Maiwald, in dem ihr Redensarten zu einem anderen Begriff verarbeitet.

Lehrkrafthinweise zum Arbeitsblatt 33

Sachinformationen

Der deutsche Schriftsteller Peter Maiwald (1946–2008), der heute vor allem für seine Lyrik bekannt ist, hat aber auch Kurzprosa, Hörspiele, Drehbücher, Reportagen sowie Texte fürs Kabarett verfasst. Die Geschichte „Der Faden" erschien 1990 in der Sammlung „Das Gutenbergsche Völkchen. Kalendergeschichten".

Möglicher Unterrichtsverlauf

Einstieg/Erarbeitung Aufgabe 1

Im Zusammenhang mit der Rechercheaufgabe könnte mit den Schülern bereits über sprachliche Bilder und hier insbesondere über Phraseologismen (Zusammensetzung, bei der die Bedeutung über die Bedeutung der einzelnen Bestandteile hinausgeht) gesprochen werden.

Lösungsvorschlag
- Ariadnefaden: Ariadne schenkte Theseus einen Faden, mit dessen Hilfe er aus einem Labyrinth, in das er zu gehen hatte, wieder herausfand.
- gordischer Knoten: ein Knoten, den Alexander der Große dadurch öffnete, indem er ihn mit dem Schwert durchschlug (deshalb heute „Überwindung eines Problems mit drastischen bzw. unkonventionellen Mitteln")
- Damoklesschwert: König Dionysos ließ während eines Festmahls seinen Höfling Damokles unter einem Schwert sitzen, das über ihm schwebte und nur an einem Rosshaar befestigt war, um ihm zu zeigen, dass Macht keinen Schutz vor Gefahr bietet, sondern diese verursacht.

Erarbeitung Aufgabe 2

Die Bedeutung der Redensarten bzw. Ausdrücke und festen Wendungen könnte jeweils kurz hinterfragt bzw. von den Schülern erklärt werden (Was ist eigentlich ein Drahtzieher? Was bedeutet „sich den Strick nehmen"? Usw.) – Neben dem Spiel mit den Redensarten könnten die Schüler auch noch bemerken bzw. darauf aufmerksam gemacht werden, dass der Text auch den Wortstamm „fad" aufgreift und variiert: fadenscheinig, fad (nur phonetisch gleich, das Wort hat eine andere Etymologie), einfädeln

Lösungsvorschlag – roter Faden, den Faden (nicht) verlieren, am seidenen/an einem Faden hängen, die Fäden spinnen, die Fäden in der Hand halten – an einem Haar hängen – Drahtzieher – den Strick nehmen – Wer den Schaden hat, braucht für den Spott nicht zu sorgen. (vergleiche: Denn wer den Faden hat, braucht für Gott nicht zu sorgen.)

Erarbeitung Aufgabe 3

Mit den Schülern könnte in diesem Zusammenhang über das Bild des „Erziehens" gesprochen werden, das die Schüler wahrscheinlich bislang überhaupt nicht als Bild wahrgenommen haben. Die Frage wäre hier, was an der Erziehung Zwang oder Verformung ist bzw. sein muss.

Lösungsvorschlag – Wir sollten den Faden deshalb nicht verlieren, weil wir ihn brauchen, um andere damit zu ziehen bzw. zu fesseln (vergleiche „unsere Kinder ziehen und erziehen", „unsere Nachbarn hängen lassen", „unsere Feinde umgarnen"). Im Umkehrschluss ist also das Behalten des Fadens eine negative Eigenschaft.

Erarbeitung Aufgabe 4

Hier kann den Schülern (auch Partner- und Gruppenarbeit wäre möglich) freie Hand gelassen werden. – Die Schüler könnten dabei so vorgehen, dass sie zu einem Begriff zuerst möglichst viele Redensarten sammeln und dann überlegen, wie sie diese verfremden und/oder anders deuten könnten. Ergiebige Felder für Redensarten und feste Wendungen sind traditionellerweise Körperteile (vergleiche im Text auch Haar, Hand).

Umgang mit epischen Texten

Arbeitsblatt 34

Einen Text umschreiben

Joachim Ringelnatz: Kuttel Daddeldu erzählt das Märchen vom Rotkäppchen

Also Kinners, wenn ihr mal fünf Minuten lang das Maul halten könnt, dann will ich euch die Geschichte vom Rotkäppchen erzählen, wenn ich mir das noch zusammenreimen kann. Der alte Kapitän Muckelmann hat mir das vorerzählt, als ich noch so klein und so dumm war, wie ihr jetzt seid. Und Kapitän Muckelmann hat nie gelogen.

5 Also lissen tu mi. Da war mal ein kleines Mädchen. Das wurde Rotkäppchen angetitelt – genannt heißt das. Weil es Tag und Nacht eine rote Kappe auf dem Kopfe hatte. […]
Und eines Tages schickte die Mutter sie durch den Wald zur Großmutter; die war natürlich krank. Und die Mutter gab Rotkäppchen einen Korb mit drei Flaschen spanischen Wein und zwei Flaschen schottischen Whisky und einer Flasche Rostocker Korn und einer Flasche Schweden-
10 punsch und einer Buttel mit Köm und noch ein paar Flaschen Bier und Kuchen und solchen Kram mit, damit sich Großmutter mal erst stärken sollte.
„Rotkäppchen", sagte die Mutter noch extra, „geh nicht vom Wege ab, denn im Walde gibts wilde Wölfe!" (Das Ganze muss sich bei Nikolajew oder sonst wo in Sibirien abgespielt haben.) Rotkäppchen versprach alles und ging los.
15 Und im Walde begegnete ihr der Wolf. Der fragte: „Rotkäppchen, wo gehst du denn hin?"
Und da erzählte sie ihm alles, was ihr schon wisst. Und er fragte: „Wo wohnt denn deine Großmutter?"
Und sie sagte ihm das ganz genau: „Schwiegerstraße dreizehn zur ebenen Erde."
Und da zeigte der Wolf dem Kinde saftige Himbeeren und Erdbeeren und lockte sie so vom Wege
20 ab in den tiefen Wald.
Und während sie fleißig Beeren pflückte, lief der Wolf mit vollen Segeln nach der Schwiegerstraße Nummero dreizehn und klopfte zur ebenen Erde bei der Großmutter an die Tür.
Die Großmutter war ein misstrauisches, altes Weib mit vielen Zahnlücken.
Deshalb fragte sie barsch: „Wer klopft da an mein Häuschen?"
25 Und da antwortete der Wolf draußen mit verstellter Stimme: „Ich bin es, Dornröschen!"
Und da rief die Alte: „Herein!"
Und da fegte der Wolf ins Zimmer hinein. Und da zog sich die Alte ihre Nachtjacke an und setzte ihre Nachthaube auf und fraß den Wolf mit Haut und Haar auf. […]

1. Beschreibt mündlich, wie der Autor Joachim Ringelnatz das „Märchen vom Rotkäppchen" verfremdet.

2. Untersucht die Sprache bzw. die stilistischen Mittel genauer, mit denen Ringelnatz arbeitet. Nennt die Mittel und gebt Beispiele an.

sprachliche Mittel	Beispiel

3. Schreibt selbst eine „Überarbeitung" vom „Märchen von Rotkäppchen". Arbeitet auf einem gesonderten Blatt.

Lehrkrafthinweise zum Arbeitsblatt 34

Sachinformationen

Joachim Ringelnatz' (eigentlich: Hans Gustav Bötticher; 1883–1934) „Rotkäppchen" (der genaue Titel lautet „Kuttel Daddeldu erzählt seinen Kindern das Märchen vom Rotkäppchen und zeichnet ihnen sogar was dazu") wurde im Oktober/November 1923 von Ringelnatz ursprünglich in einer Gesamtauflage von zehn Exemplaren von Hand geschrieben. Damals war die Figur des knurrigen Seemanns Kuttel Daddeldu schon durch den 1920 erstmals erschienenen Band „Kuttel Daddeldu oder Das schlüpfrige Leid" recht bekannt. Ringelnatz, dessen schriftstellerisches Schaffen von Anfang an mit seinem kabarettistischen Engagement verbunden war, trat in den 1920ern und 1930ern dann mit den Balladen und Moritaten Kuttel Daddeldus im Berliner Kabarett „Schall und Rauch" auf.

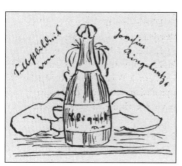

Selbstbildnis von Joachim Ringelnatz, 1925

Möglicher Unterrichtsverlauf

Einstieg

Die Schüler könnten das „Märchen vom Rotkäppchen" in den zentralen Handlungsschritten wiedergeben und sich so in Erinnerung rufen.

Erarbeitung Aufgabe 1

Die Bearbeitung der Aufgabe kann direkt überleiten zur Beschreibung der Sprache. Wichtig ist, auch mit Blick auf das Schreiben einer eigenen Parodie, dass sich die Schüler klarmachen, dass hier nicht nur sprachlich verfremdet wird.
Lösungsvorschlag – Die Verfremdung erfolgt durch mehrere Mittel. Zum einen tritt der Erzähler nicht hinter die Geschichte zurück, sondern äußert sich zur Herkunft der Geschichte (von Kapitän Muckelmann) und bewertet sie (indem er z. B. aussagt, das Ganze könne sich wegen der wilden Wölfe kaum in Zentraleuropa abgespielt haben). Zum anderen wird der für die Grimm'schen Märchen so typische Märchenton verfremdet (vergleiche dazu ausführlich Aufgabe 3). Drittens werden Handlungselemente verändert (z. B. frisst hier die Großmutter den Wolf, der sich als Dornröschen ausgibt).

Erarbeitung Aufgabe 2

Die Schüler könnten auch hier in Partner- oder Gruppenarbeit arbeiten.
Lösungsvorschlag

sprachliche Mittel	Beispiel
veraltende Sprache	zur ebenen Erde
Dialekt	Kinners
Englisch (bzw. dessen Verballhornung)	lissen tu mi
hohe Direktheit, Beleidigung	klein und so dumm war, wie ihr jetzt seid
Übertreibung	Aufzählung der diversen Alkoholika
Komik	„Ich bin es, Dornröschen!"

Erarbeitung Aufgabe 3

Den Schülern könnten noch einige Möglichkeiten zur Anregung gegeben werden (Rotkäppchen im Dialekt, der Jugend- oder Werbesprache, Rotkäppchen im 21. oder 22. Jahrhundert, Rotkäppchen in Südamerika oder in Zentralasien, …). – Im Übrigen kann aber den Schülern natürlich freie Hand gelassen werden.

Umgang mit epischen Texten

Arbeitsblatt 35

Einen Text produktiv bearbeiten

Doris Dörrie: Es gibt da eine kleine Ente

Die beiden Polizisten glotzten ihn an wie zwei Wolgakarpfen. „Ich würde mich gern im ‚Palmengarten' von jemandem verabschieden", brachte Arkardij nur stotternd heraus, als sei es ihm peinlich, „es gibt da eine kleine Ente. Ich habe sie gerettet. An meinem ersten Tag in Frankfurt. Sie war noch ein Küken und hatte einen gebrochenen Flügel. Unter meinem Mantel habe ich sie
5 rausgeschmuggelt, mit Brot gefüttert und gepflegt, bis sie wieder gesund war. Und dann habe ich sie zurückgebracht. Sie heißt Durak …"
Seine Augen fingen an zu glänzen. Dafür brauchte er nur die beiden Wörter „nie wieder" zu denken. Sie reichten aus, um ihm das Wasser in die Augen zu treiben. Nie wieder Marianne. Nie wieder Handkäs mit Musik. Nie wieder der warme Kaufhof an der Hauptwache im Winter.
10 „O Gott", stöhnte der Polizist, der fuhr. „Die verfluchte russische Seele", sagte der andere, „und außerdem hat der ‚Palmengarten' längst geschlossen." Arkardij spürte, wie das Wasser aus seinem linken Auge hervorquoll und in einer dicken Träne langsam die Wange hinunterrann. Er wandte sein Gesicht zum Fenster in den Neonschein der Straßenbeleuchtung wie Greta Garbo ins Scheinwerferlicht. Der Fahrer drehte sich nach ihm um. „Wo fährst du denn hin?", blökte der
15 andere Polizist. „Mein Gott, es ist schließlich Weihnachten", erwiderte der Fahrer.
Es war stockdunkel im ‚Palmengarten'. Der Polizist, der gefahren war, hielt Arkardij wie ein Kind fest an der Hand, während der andere laut vor sich hin schimpfte und damit drohte, eine Dienstaufsichtsbeschwerde einzulegen.
Auf dem runden Teich in der Mitte des Parks dümpelten ein paar Enten vor sich hin. „Durak,
20 Durak", rief Arkardij und gab piepende Laute von sich. Die Enten sahen ihn gleichgültig an. „Und? Welche ist es?", fragte der Polizist, der Arkardijs Hand fest umklammert hielt, streng. Arkardij zeigte auf die nächstbeste. „Komm her, du blödes Vieh", murmelte er auf Russisch, „komm her und rette mich. Verdammt. Jetzt komm schon!" Die Ente legte den Kopf schief. „Du sollst deinen Entenarsch hierher bewegen!", flehte Arkardij. Die Ente rührte sich nicht. „Du lädst ewige Schuld
25 auf dich", rief Arkardij wütend. „Du wirst als Weihnachtsente der Gojim[1] enden!" Das hatte gesessen. Die Ente setzte sich in Bewegung, schwamm geradewegs auf Arkardij zu und wühlte ihren Schnabel in seine Hand. „Sie hat Hunger, die Arme", sagte er auf Deutsch, „hat einer von Ihnen vielleicht ein bisschen Brot dabei?" „Nur 'ne Apfeltasche", sagte der Polizist, ließ Arkardijs Hand los und wühlte in seiner Jacke. Arkardij federte ein-, zweimal auf den Zehenspitzen, bevor er
30 losrannte. Quer über die Wiese, am Steingarten vorbei […]. Die Hecke, die Hecke, da war sie. Ja, er war richtig, dort musste es sein, die kalte Luft stach in seine Lungen wie Stecknadeln, er hörte die beiden Polizisten hinter sich hecheln, mit den Händen riss er den Stacheldraht beiseite, zwängte sich durch das Loch, und erst als er den sicheren Asphalt der Straße unter den Füßen hatte, lachte er im Laufen laut auf. Durak, lachte er, das heißt auf Deutsch „Dummkopf".

[1] Mehrzahl von jiddisch *Goj* „Nichtjude"

1. Beantwortet alle W-Fragen zur Geschichte von Arkardijs Flucht. Arbeitet auf einem gesonderten Blatt.

2. Was könnte dem Polizisten, der Arkardijs Hand losgelassen hat, durch den Kopf gehen, als er bemerkt, getäuscht worden zu sein? Schreibt auf einem gesonderten Blatt einen inneren Monolog aus seiner Sicht.

3. Verfasst eine Meldung zu dem Vorfall, wie sie nach Weihnachten in der Zeitung stehen könnte. Arbeitet auf einem gesonderten Blatt.

Umgang mit epischen Texten

Arbeitsblatt 36

Einen Text deuten

Anna Seghers: Zwei Denkmäler

In der Emigration begann ich eine Erzählung, die der Krieg unterbrochen hat. Ihr Anfang ist mir noch in Erinnerung. Nicht Wort für Wort, aber dem Sinn nach. Was mich damals erregt hat, geht mir auch heute noch nicht aus dem Kopf. Ich erinnere mich an eine Erinnerung.

In meiner Heimat, in Mainz am Rhein, gab es zwei Denkmäler, die ich niemals vergessen konnte,
5 in Freude und Angst auf Schiffen, in fernen Städten. Eins ist der Dom. – Wie ich als Schulkind zu meinem Erstaunen sah, ist er auf Pfeilern gebaut, die tief in die Erde hineingehen – damals kam es mir vor, beinahe so tief, wie der Dom hochragt. Ihre Risse sind auszementiert worden, sagt man, in vergangener Zeit, da, wo das Grundwasser Unheil stiftete. Ich weiß nicht, ob es stimmt, was uns ein Lehrer erzählte: Die romanischen und gotischen Pfeiler seien haltbarer als die jüngeren.
10 Dieser Dom über der Rheinebene wäre mir in all seiner Macht und Größe im Gedächtnis geblieben, wenn ich ihn auch nie wiedergesehen hätte. Aber ebenso wenig kann ich ein anderes Denkmal in meiner Heimatstadt vergessen. Es bestand nur aus einem einzigen flachen Stein, den man in das Pflaster einer Straße gesetzt hat. Hieß die Straße Bonifatiusstraße? Hieß sie Frauenlobstraße? Das weiß ich nicht mehr. Ich weiß nur, dass der Stein zum Gedächtnis einer Frau
15 eingefügt wurde, die im Ersten Weltkrieg durch Bombensplitter umkam, als sie Milch für ihr Kind holen wollte. Wenn ich mich recht erinnere, war sie die Frau des jüdischen Weinhändlers Eppstein. – Menschenfresserisch, grausam war der Erste Weltkrieg, man begann aber erst an seinem Ende mit Luftangriffen auf Städte und Menschen. Darum hat man zum Gedächtnis der Frau den Stein gesetzt, flach wie das Pflaster, und ihren Namen eingraviert. –
20 Der Dom hat die Luftangriffe des Zweiten Weltkriegs irgendwie überstanden, wie auch die Stadt zerstört worden ist. Er ragt über Fluss und Ebene. Ob der kleine flache Gedenkstein noch da ist, das weiß ich nicht. Bei meinen Besuchen hab ich ihn nicht mehr gefunden.

In der Erzählung, die ich vor dem Zweiten Weltkrieg zu schreiben begann und im Krieg verlor, ist die Rede von dem Kind, dem die Mutter Milch holen wollte, aber nicht heimbringen konnte. Ich
25 hatte die Absicht, in dem Buch zu erzählen, was aus diesem Mädchen geworden ist.

---

1. Fasst zusammen, was ihr jeweils über die beiden Denkmäler erfahrt.

Mainzer Dom: _____

_____

_____

flacher Gedenkstein: _____

_____

2. Erklärt und begründet, wer hier erzählt.

_____

_____

3. Formuliere eine Begründung dafür, warum hier erzählt wird. Beachtet, wie die beiden Denkmäler bewertet werden. Diskutiert anschließend über diese Frage in der Klasse.

_____

_____

_____

Umgang mit epischen Texten

Lehrkrafthinweise zu den Arbeitsblättern 35 und 36

Sachinformationen

Die Geschichte „Es gibt da eine kleine Ente …" der deutschen Regisseurin und Schriftstellerin Doris Dörrie (*1955) ist erstmals 2007 in einer von Daniel Kampa herausgegebenen Anthologie im Züricher Diogenes Verlag erschienen.
Anna Seghers (1900–1983) wurde in Mainz geboren und ist dort auch aufgewachsen (sie besuchte die Höhere Mädchenschule in Mainz, wo sie 1920 auch das Abitur machte), was als ein Indiz dafür genommen werden kann, dass es sich bei dem Text für ein Beispiel faktualen Erzählens handelt. Den Text „Zwei Denkmäler" über ihre Heimatstadt Mainz selbst hat Seghers 1965 eigens für Klaus Wagenbachs Anthologie „Atlas. Zusammengestellt von deutschen Autoren" verfasst.

Anna Seghers, 1966

Möglicher Unterrichtsverlauf Arbeitsblatt 35

Einstieg/Erarbeitung Aufgabe 1

Die Schüler könnten vor der Lektüre auf die Bedeutung des Wortes „Ente" in der Zeitungssprache (= Falschmeldung) aufmerksam gemacht werden. Die Aufgabe bereitet schon Schreibaufgabe 3 vor.
Lösungsvorschlag – Wer? Arkardij (ein Russe), zwei Polizisten – Wann? – an Weihnachten, nachts – Wo? Frankfurt, ‚Palmengarten' – Was? Flucht eines Gefangenen – Wie? Arkardij gibt vor, eine Ente, die er einst gepflegt habe, besuchen zu wollen; Fahrer hat Mitleid (Weihnachten!) und erfüllt ihm den Wunsch, hält ihn aber fest; Arkardij gelingt es nach einigem Bangen und Fluchen, eine Ente anzulocken; Arkardij bittet um etwas zu essen für die Ente; Fahrer lässt Arkardij los, um etwas zu essen zu suchen; Arkardij nutzt diese Gelegenheit zur Flucht – Warum? – Polizist ist leichtgläubig (dumm) und gutherzig – Welche Folgen? Arkardij kann fliehen, macht sich über die Polizisten lustig

Erarbeitung Aufgaben 2 und 3

Vergleiche zum inneren Monolog Arbeitsblatt 3. – Bei Aufgabe 3 könnten zwei Fassungen des Berichts erstellt werden: Eine Fassung könnte den wahren Sachverhalt, wie ihn die Geschichte erzählt, enthalten (das wäre dann wohl eine „Ente"), eine andere den Vorfall geschönt darstellen (also so, wie ihn der Polizeisprecher der Presse geschildert haben könnte).

Möglicher Unterrichtsverlauf Arbeitsblatt 36

Einstieg/Erarbeitung Aufgabe 1

Der Einstieg kann direkt über die Lektüre und die Verständnissicherung erfolgen.
Lösungsvorschlag – Mainzer Dom: auf Pfeilern gebaut, die tief in die Erde hineingehen; Macht und Größe des Doms; alte Pfeiler haltbarer als die neuen; hat Luftangriffe des Zweiten Weltkriegs überstanden – flacher Gedenkstein: im Pflaster einer Straße eingesetzt; zum Gedächtnis an eine jüdische Frau, die im Ersten Weltkrieg durch Bombensplitter umkam, als sie Milch für ihr Kind holen wollte; ihr Name ist eingraviert

Erarbeitung Aufgaben 2, 3

Lösungsvorschlag – Aufgabe 2: faktuale Erzählung, die Autorin erzählt von ihrem Leben und Schreiben – ***Aufgabe 3:*** Auffällig ist der Kontrast zwischen dem mächtigen, alten riesigen Dom und der „unmächtigen", jungen Frau sowie dem flachen Stein, der dennoch so wirkungsmächtig war, dass darüber ein Buch entstehen sollte. Auffällig ist sodann, dass der Pflasterstein nicht mehr auffindbar ist und die Autorin zwischenzeitlich (über einen weiteren Weltkrieg und die Emigration hinweg) sogar das Buchprojekt vergessen hat, sich aber immer noch an die Frau selbst und ihr Kind erinnert. Dadurch wird die Macht der Erinnerung gleichermaßen charakterisiert wie der Wert des Lebens und die Macht des Schicksals.

Arbeitsblatt 37

Über einen Erzähltext schmunzeln I

Heinrich von Kleist: Charité[1]-Vorfall

Der von einem Kutscher kürzlich überfahrne Mann namens Beyer hat bereits dreimal in seinem Leben ein ähnliches Schicksal gehabt; dergestalt, dass bei der Untersuchung, die der Geheimrat K. in der Charité mit ihm vornahm, die lächerlichsten Missverständnisse vorfielen. Der Geheimrat, der zuvörderst seine beiden Beine, welche krumm und schief und mit Blut bedeckt waren, be-
5 merkte, fragte ihn, ob er an diesen Gliedern verletzt wäre?, worauf der Mann jedoch erwiderte: Nein! Die Beine wären ihm schon vor fünf Jahr durch einen andern Doktor abgefahren worden. Hierauf bemerkte ein Arzt, der dem Geheimrat zur Seite stand, dass sein linkes Auge geplatzt war: Als man ihn jedoch fragte, ob ihn das Rad hier getroffen hätte?, antwortete er: Nein! Das Auge hätte ihm ein Doktor bereits vor vierzehn Jahren ausgefahren. Endlich, zum Erstaunen aller
10 Anwesenden, fand sich, dass ihm die linke Rippenhälfte, in jämmerlicher Verstümmelung, ganz auf den Rücken gedreht war; als aber der Geheimrat ihn fragte, ob ihn des Doktors Wagen hier beschädigt hätte?, antwortete er: Nein! Die Rippen wären ihm schon vor sieben Jahren durch einen Doktorwagen zusammengefahren worden. – Bis sich endlich zeigte, dass ihm durch die letztere Überfahrt der linke Ohrknorpel ins Gehörorgan hineingefahren war. – Der Berichterstatter
15 hat den Mann selbst über diesen Vorfall vernommen, und selbst die Todkranken, die in dem Saale auf den Betten herumlagen, mussten über die spaßhafte und indolente Weise, wie er dies vorbrachte, lachen. – Übrigens bessert er sich; und falls er sich vor den Doktoren, wenn er auf der Straße geht, in Acht nimmt, kann er noch lange leben.

[1] Name eines berühmten Berliner Krankenhauses

1. Lest die Anekdote „Charité-Vorfall" von Heinrich von Kleist. Tragt chronologisch in die Tabelle ein, wann der Mann (z. B.: „vor sieben Jahren", „kürzlich") welche Verletzung davongetragen hat.

Zeitpunkt der Verletzung	Art der Verletzung
•	•
•	•
•	•
•	•

2. Erklärt in euren eigenen Worten, worin die Pointe dieser Anekdote besteht.

_____
_____
_____

3. Bestimmt Erzählform und -verhalten in der Anekdote „Charité-Vorfall" von Heinrich von Kleist. Beschreibt die Erzählweise.

_____
_____
_____

4. Habt ihr schon einmal ein komisches Missverständnis erlebt bzw. davon gehört? Berichtet davon.

Umgang mit epischen Texten

Lehrkrafthinweise zum Arbeitsblatt 37

Sachinformationen

Die Anekdote über den Charité-Vorfall erschien in der Ausgabe vom 13. Oktober 1810 des „Berliner Abendblattes". Heinrich von Kleist (1777–1811) war dabei mit mehreren „Doktoren" der Charité persönlich bekannt, so mit Charité-Direktor Christoph Wilhelm Hufeland, Professor Grapengießer und dem Obermedizinalrat Kohlrausch, der in der Anekdote der untersuchende Arzt, Geheimrat K., sein könnte. – Vgl. zu Kleist auch die Arbeitsblätter 8 und 24.

Möglicher Unterrichtsverlauf

Einstieg/Erarbeitung Aufgabe 1

Nach der Lektüre könnten die Schüler zunächst befragt werden, was das Wort „indolent" (hier „schmerzunempfindlich, gleichgültig, denkfaul") bedeuten könnte bzw. was es im Kontext bedeuten muss.

Lösungsvorschlag

Zeitpunkt der Verletzung	Art der Verletzung
• vor vierzehn Jahren	• linkes Auge geplatzt
• vor sieben Jahren	• linke Rippenhälfte auf den Rücken gedreht
• vor fünf Jahren	• gebrochene („krumm und schief und mit Blut bedeckt") Beine
• kürzlich	• linker Ohrknorpel in den Gehörorgan hineingefahren

Erarbeitung Aufgabe 2

Hier geht es nicht zuletzt darum, dass die Schüler das präzise Schreiben üben, weshalb über das Besprechen der inhaltlichen Lösung hinaus auch einige Formulierungen verglichen und gegebenenfalls bewertet werden könnten.
Lösungsvorschlag – Abgesehen davon, dass es den Ärzten zunächst nicht gelingt, die aktuelle Verletzung des Mannes zu erkennen, besteht die Pointe darin, dass dem Mann alle Verletzungen durch Ärzte zugefügt worden sind.

Erarbeitung Aufgabe 3

Vergleiche zum Erzählverhalten auch das Arbeitsblatt 1 sowie zu den Darstellungsformen das Arbeitsblatt 2.
Lösungsvorschlag – Es handelt sich um einen auktorialen Er-Erzähler, der als (fiktiver) Berichterstatter so tut, als habe er das Unfallopfer selbst zu diesem Vorfall befragt und berichte nun davon.

Erarbeitung Aufgabe 4

Die Schüler könnten hier nicht nur von Missverständnissen berichten, sondern diese gegebenenfalls auch in anekdotenhaften Texten schildern.

Weiterführende Hinweise

Wiederholung der Redewiedergabe (vergleiche dazu auch das Arbeitsblatt 3) samt der Verwendung des Konjunktivs. Insbesondere könnten die Schüler hier die indirekten Reden in direkte Reden verwandeln, z. B.:

indirekte Rede	direkte Rede
Der Geheimrat […] fragte ihn, ob er an diesen Gliedern verletzt wäre?	Der Geheimrat fragte ihn: „Seid Ihr an diesen Gliedern verletzt?"
Die Beine wären ihm schon vor fünf Jahr durch einen andern Doktor abgefahren worden.	Der Mann antwortete: „Die Beine sind mir schon vor fünf Jahr durch einen anderen Doktor abgefahren worden."
Man fragte ihn, ob ihn das Rad hier getroffen hätte?	Der Mann wurde gefragt: „Hat Sie das Rad hier getroffen?"

Arbeitsblatt 38

Über einen Erzähltext schmunzeln II

Franz Hohler: Der Verkäufer und der Elch

Kennt ihr das Sprichwort „Dem Elch eine Gasmaske verkaufen"? Das sagt man im Norden von jemandem, der sehr tüchtig ist, und ich möchte jetzt erzählen, wie es zu diesem Sprichwort gekommen ist.

Es gab einmal einen Verkäufer, der war dafür berühmt, dass er allen alles verkaufen konnte.
5 Er hatte schon einem Zahnarzt eine Zahnbürste verkauft, einem Bäcker ein Brot und einem Obstbauern eine Kiste Äpfel.

„Ein wirklich guter Verkäufer bist du aber erst", sagten seine Freunde zu ihm, „wenn du einem Elch eine Gasmaske verkaufst."

Da ging der Verkäufer so weit nach Norden, bis er in einen Wald kam, in dem nur Elche wohnten.
10 „Guten Tag", sagte er zum ersten Elch, den er traf, „Sie brauchen bestimmt eine Gasmaske."
„Wozu?", fragte der Elch. „Die Luft ist gut hier."
„Alle haben heutzutage eine Gasmaske", sagte der Verkäufer. „Es tut mir leid", sagte der Elch, „aber ich brauche keine."
„Warten Sie nur", sagte der Verkäufer, „Sie brauchen schon noch eine."
15 Und wenig später begann er mitten im Wald, in dem nur Elche wohnten, eine Fabrik zu bauen.
„Bist du wahnsinnig?", fragten seine Freunde. „Nein", sagte er, „ich will nur dem Elch eine Gasmaske verkaufen."

Als die Fabrik fertig war, stiegen so viel giftige Abgase aus dem Schornstein, dass der Elch bald zum Verkäufer kam und zu ihm sagte: „Jetzt brauche ich eine Gasmaske."
20 „Das habe ich gedacht", sagte der Verkäufer und verkaufte ihm sofort eine. „Qualitätsware!", sagte er lustig.
„Die anderen Elche", sagte der Elch, „brauchen jetzt auch Gasmasken. Hast du noch mehr?"
(Elche kennen die Höflichkeitsformen mit „Sie" nicht.)
„Da habt ihr Glück", sagte der Verkäufer, „ich habe noch Tausende."
25 „Übrigens", sagte der Elch, „was machst du in deiner Fabrik?"
„Gasmasken", sagte der Verkäufer.

P.S. Ich weiß doch nicht genau, ob es ein schwedisches oder ein schweizerisches Sprichwort ist, aber die beiden Länder werden ja oft verwechselt.

1. Erklärt die doppelte Pointe des Textes (Pointe der Elch-Geschichte und Sprichwort-Pointe).

2. Diskutiert: Weshalb sagen die Freunde dem Verkäufer, er sei erst dann ein „wirklich guter Verkäufer", wenn er einem Elch eine Gasmaske verkaufen könne?

3. Leitet aus euren Überlegungen zu Aufgabe 1 eine mögliche Funktion des Textes von Franz Hohler ab.

_____

_____

_____

_____

4. Lest den Text in verteilten Rollen (Erzähler, Verkäufer und Elch).

Lehrkrafthinweise zum Arbeitsblatt 38

Sachinformationen

Die Geschichte „Der Verkäufer und der Elch" von Franz Hohler (*1943) stammt aus dem Band „Ein eigenartiger Tag" aus dem Jahr 1979. – Vgl. zu Franz Hohler auch das Arbeitsblatt 27.

Möglicher Unterrichtsverlauf

Einstieg

Um auf die Sprichwort-Pointe hinzuarbeiten, könnten die Schüler vor der Lektüre danach gefragt werden, was ein Sprichwort ist und welche Funktion es hat (Sprichwörter als feststehende Sätze, die allgemeine Weisheiten in bildhafter Form enthalten). Deutlich werden sollte dabei auch, dass „dem Elch eine Gasmaske verkaufen" natürlich kein Sprichwort ist, sondern allenfalls eine Redewendung sein könnte.

Erarbeitung Aufgabe 1

Deutlich werden könnte hier mit Blick auf den Sprichwort-Rahmen auch, dass der Erzähler eine Herkunftserklärung verspricht, aber eine (absurde) Entstehungsgeschichte zum Sprichwort „Dem Elch eine Gasmaske verkaufen" liefert.
Lösungsvorschlag – Pointe der Elch-Geschichte: der Verkäufer schafft einen Bedarf durch seine Fabrik, den es ohne sie nicht gäbe – Sprichwort-Pointe: als schweizerisches Sprichwort wäre der Ausspruch sehr seltsam, da es in der Schweiz Elche nur in Zoos gibt; abgesehen davon werden die Länder Schweden und Schweiz keineswegs „oft verwechselt".

Erarbeitung Aufgabe 2

Man beachte, dass innerhalb der Geschichte die Bemerkung der Freunde eine wichtige Rolle spielt, da sie überhaupt das vermeintliche Sprichwort ins Spiel bringt.
Lösungsvorschlag – Die Freunde wollen den Verkäufer vor eine (scheinbar) unmögliche Aufgabe stellen, wohl in der Hoffnung, dass er scheitert.

Erarbeitung Aufgabe 3

Die Aufgabe könnte auch in Partnerarbeit zur Besprechung vorbereitet werden.
Lösungsvorschlag – Der Text kritisiert die Bedingungen der modernen Marktwirtschaft, in der ein Verkäufer abhängig von Bedürfnissen der Kunden ist, die er notfalls selbst schafft. Es dürfte außerdem kein Zufall sein, dass durch diese Wirtschaftsform nicht nur die Elche (Menschen) leiden, sondern auch die Natur Schaden nimmt.

Erarbeitung Aufgabe 4

Es ginge über das sinnbetonte Lesen hinaus (das freilich auch immer wieder einmal geübt werden muss) hier darum, die Komik des Textes durch eine pointierte Sprechweise noch zu verstärken.

Weiterführende Hinweise

Die Klammer „(Elche kennen die Höflichkeitsformen mit „Sie" nicht.)" könnte zum Anlass genommen werden, die Großschreibung der höflichen Anredepronomen zu wiederholen: Dazu könnten die Schüler zunächst im Text alle höflichen Anredepronomen markieren, dann die beiden „du"-Sätze des Elches (Hast du noch mehr? Was machst du in deiner Fabrik?) als höfliche Fragen umformen (Haben Sie noch mehr? Was machen Sie in Ihrer Fabrik?).

Der Text eignet sich auch gut zur szenischen Umsetzung (vgl. dazu auch die Arbeitsblätter 39 und 40): Gedanken machen sollte man sich dabei darüber, wie sich der Verkäufer räumlich den Elchen annähert und wie er sich körperlich ihnen gegenüber präsentiert. Eine relative Offenheit bzw. eine selbstbewusste Begegnung am Anfang könnte einer resignierten beziehungsweise verdutzten Haltung des Elchs entgegengestellt werden.

Arbeitsblatt 39

Einen Erzähltext in Szene setzen I

Reiner Kunze: Ordnung

Die Mädchen und Jungen, die sich auf die Eckbank der leeren Bahnhofshalle setzten, kamen aus einem Jazz-Konzert. Ihr Gespräch verstummte rasch. Einer nach dem anderen legten sie den Kopf auf die Schulter ihres Nebenmanns. Der erste Zug fuhr 4.46 Uhr.

Zwei Polizisten, einen Schäferhund an der Leine führend, erschienen in der Tür, wandten sich der
5 Bank zu und zupften die Schlafenden am Ärmel. „Entweder Sie setzen sich gerade hin oder Sie verlassen den Bahnhof, Ordnung muss sein!"

„Wieso Ordnung?", fragte einer der Jungen, nachdem er sich aufgerichtet hatte. „Sie sehen doch, dass jeder seinen Kopf gleich wiedergefunden hat."

„Wenn Sie frech werden, verschwinden Sie sofort, verstanden?" Die Polizisten gingen weiter.
10 Die jungen Leute lehnten sich nach der anderen Seite. Zehn Minuten später kehrte die Streife zurück und verwies sie des Bahnhofs.

Draußen ging ein feiner Regen nieder. Der Zeiger der großen Uhr wippte auf die Eins wie ein Gummiknüppel.

1. Lest den Text und fasst die Gesprächssituation knapp zusammen.

   Situation: _____

2. Erläutert kurz, welche Absichten und Erwartungen die Beteiligten haben.

	Polizist	**Junge**
Absicht		
Erwartung		

3. Diskutiert: Warum gelingt das Gespräch zwischen dem Polizisten und dem Jungen nicht? Wer hat Schuld daran?

4. Notiert stichpunktartig, wie die Beteiligten jeweils sprechen und sich verhalten (Gestik, Mimik) könnten.

Polizist	**Junge**

5. Stellt die Begegnung zwischen der Streife und den Jugendlichen im Bahnhof in Form einer Spielszene dar. Experimentiert mit der Körpersprache und den stimmsprachlichen Mitteln.

Umgang mit epischen Texten

Arbeitsblatt 40

Einen Erzähltext in Szene setzen II

Johann Peter Hebel: Der Barbierjunge von Segringen

Man muss Gott nicht versuchen, aber auch die Menschen nicht. Denn im vorigen Spätjahr kam in dem Wirtshaus zu Segringen ein Fremder von der Armee an, der einen starken Bart hatte und fast wunderlich aussah, also dass ihm nicht recht zu trauen war. Der sagt zum Wirt, eh er etwas zu essen oder zu trinken fordert: „Habt Ihr keinen Barbier am Ort, der mich rasieren kann?" Der Wirt
5 sagt ja und holt den Barbier. Zu dem sagt der Fremde: „Ihr sollt mir den Bart abnehmen, aber ich habe eine kitzlige Haut. Wenn Ihr mich nicht ins Gesicht schneidet, so bezahl ich Euch vier Kronentaler. Wenn Ihr mich aber schneidet, so stech ich Euch tot. Ihr wäret nicht der Erste." Wie der erschrockene Mann das hörte (denn der fremde Herr machte ein Gesicht, als wenn es nicht vexiert wäre, und das spitzige, kalte Eisen lag auf dem Tisch), so springt er fort und schickt den
10 Gesellen. Zu dem sagt der Herr das Nämliche. Wie der Geselle das Nämliche hört, springt er ebenfalls fort und schickt den Lehrjungen. Der Lehrjunge lässt sich blenden von dem Geld und denkt: „Ich wag's. Geratet es und ich schneide ihn nicht, so kann ich mir für vier Kronentaler einen neuen Rock auf die Kirchweihe kaufen und einen Schnepper. Geratets nicht, so weiß ich, was ich tue", und rasiert den Herrn. Der Herr hält ruhig still, weiß nicht, in welcher entsetzlichen Todesge-
15 fahr er ist, und der verwegene Lehrjunge spaziert ihm auch ganz kaltblütig mit dem Messer im Gesicht und um die Nase herum, als wenn's nur um einen Sechser oder im Fall eines Schnittes um ein Stücklein Zundel oder Fließpapier darauf zu tun wäre und nicht um vier Kronentaler und um ein Leben, und bringt ihm glücklich den Bart aus dem Gesicht ohne Schnitt und ohne Blut und dachte doch, als er fertig war: „Gottlob!"
20 Als aber der Herr aufgestanden war und sich im Spiegel beschaut und abgetrocknet hatte und gibt dem Jungen die vier Kronentaler, sagt er zu ihm: „Aber junger Mensch, wer hat dir den Mut gegeben, mich zu rasieren, so doch dein Herr und der Gesell sind fortgesprungen? Denn wenn du mich geschnitten hättest, so hätte ich dich erstochen." Der Lehrjunge aber bedankte sich lächelnd für das schöne Stück Geld und sagte: „Gnädiger Herr, Ihr hättet mich nicht verstochen, sondern
25 wenn Ihr gezuckt hättet und ich hätt' Euch ins Gesicht geschnitten, so wäre ich Euch zuvorgekommen, hätt' Euch augenblicklich die Gurgel abgehauen und wäre auf und davongesprungen." Als aber der fremde Herr das hörte und an die Gefahr dachte, in der er gesessen war, ward er erst blass vor Schrecken und Todesangst, schenkte dem Burschen noch einen Kronentaler extra und hat seitdem zu keinem Barbier mehr gesagt: „Ich steche dich tot, wenn du mich schneidest."

1. Fasst das Geschehen mündlich zusammen.

2. Diskutiert: Warum droht der Soldat wohl den Barbieren mit dem Tod, falls er geschnitten wird?

3. Begründet, ob der erste Satz, „Man muss Gott nicht versuchen, aber auch die Menschen nicht.", zur Geschichte gehört oder nicht.

4. Spielt die Wirtshausszene (der Soldat wird im Gasthaus selbst rasiert!). Experimentiert mit der Körpersprache und den stimmsprachlichen Mitteln.

Lehrkrafthinweise zu den Arbeitsblättern 39 und 40

Beide Arbeitsblätter regen die produktive Beschäftigung mit Erzähltexten durch deren Umsetzung in eine Spielszene an. Beide Texte weisen dabei einen hohen Anteil an Figurenrede auf, sodass der Schwerpunkt der Erarbeitung im Spiel selbst (in der Erprobung der non- und paraverbalen Mittel) liegen kann.

Sachinformationen

Reiner Kunzes (*1933) Kurzgeschichte „Ordnung" stammt aus der Prosasammlung „Die wunderbaren Jahre", die 1976 in der Bundesrepublik Deutschland veröffentlicht wurde.
Die Kalendergeschichte „Der Barbierjunge von Segringen" ist erstmals 1809 im Volkskalender „Der Rheinländische Hausfreund" erschienen und wurde von Johann Peter Hebel (1760–1826) im Jahre 1811 auch in die berühmte Sammlung „Schatzkästlein des rheinischen Hausfreundes" aufgenommen. – Vgl. zu Hebel und der Kalendergeschichte auch die Arbeitsblätter 7 und 16.

Möglicher Unterrichtsverlauf Arbeitsblatt 39

Einstieg sowie Erarbeitung Aufgaben 1, 2 und 3

Nach der Lektüre könnte zunächst mit den Schülern darüber gesprochen werden, ob sie schon ähnliche „Ordnungserlebnisse" hatten (nicht nur mit der Polizei, sondern überhaupt mit fremden Erwachsenen, die ihnen erklärt haben, wie sie sich zu benehmen hätten).
Lösungsvorschlag – Aufgabe 1: Situation: sehr früh morgens im Bahnhof; Polizist unterstellt, dass die Jugendlichen keinen Respekt vor ihm haben – *Aufgabe 2:*

	Polizist	Junge
Absicht	Polizist will Ordnung schaffen und die Jugendlichen vielleicht einschüchtern	Junge will darauf hinweisen, dass nichts in Unordnung ist
Erwartung	Polizist erwartet, dass sich die Jugendlichen benehmen	der Junge erwartet, dass die Gruppe in Ruhe gelassen wird

– *Aufgabe 3:* Schuld haben sowohl der Polizist (der Äußerung fehlt der passende Adressatenbezug: er müsste dem Jungen erklären, warum er gegen die Ordnung verstößt) als auch der Junge (er wird seiner Rolle im Gespräch nicht gerecht: er müsste mehr Respekt zeigen).

Erarbeitung Aufgaben 4 und 5

Aufgabe 4 soll sicherstellen, dass die Schüler nicht einfach losspielen, sondern sich zuvor Gedanken zur Anlage der Figuren gemacht haben. Trotzdem soll im Spiel auch Raum für Experimente sein.
Lösungsvorschlag – Aufgabe 4:

Polizist	Junge
autoritär (schneidige Stimme, laut), mit dominantem Auftreten (fester Fußtritt, gerader Rücken, …)	patziger Ton, gelangweilte, betont lässige Körperhaltung

Möglicher Unterrichtsverlauf Arbeitsblatt 40

Einstieg sowie Erarbeitung Aufgaben 1, 2, 3 und 4

Aufgabe 1 dient der Verständnissicherung: Deutlich werden muss, dass nicht der Barbierjunge, sondern der Mann selbst in großer Gefahr war. – Aufgabe 3 könnte Zusatzaufgabe für leistungsstärkere Schüler sein. – Beim szenischen Spiel selbst (Aufgabe 4) sollte wieder Raum für Experimente gegeben werden.
Lösungsvorschlag – Aufgabe 2: Möglicherweise will er sich einfach großtun und eine bessere, zuvorkommendere Behandlung erreichen. Ob er wirklich einen Barbier töten würde, bleibt Spekulation. – *Aufgabe 3:* Bei dem Satz handelt es sich um einen vorweggenommenen Erzählerkommentar, d. h. er gehört zur Geschichte, ist aber nicht Teil des Geschehens (der Ereignisfolge).

Umgang mit epischen Texten

Quellenverzeichnis

Textquellen

S. 7: Marti, Kurt: Happy End. In: Kurt Marti: Dorfgeschichten. Erzählungen. Darmstadt: Luchterhand 1983.

S. 9: Keller, Gottfried: Romeo und Julia auf dem Dorfe. Zitiert nach: Gottfried Keller: Romeo und Julia auf dem Dorfe. Stuttgart: Reclam 2002. S. 3 und S. 79 f.

S. 11: Spinnen, Burkhard: Silvesterparty. In: B. Spinnen: Trost und Reserve. Frankfurt: Verlag Schöffing & Co. 1996. S. 129.

S. 14: Borchert, Wolfgang: Vielleicht hat sie ein rosa Hemd. In: W. Borchert: Das Gesamtwerk. Hamburg: Rowohlt 1988. S. 204 ff.

S. 17: Stifter, Adalbert: Abschied und Wanderung. In: A. Stifter: Der Hagestolz. Stuttgart: Reclam 1997. S. 40 f.

S. 19: Lens, Conny: Seit Wochen. In: Manuela Kessler (Hrsg.): Der kleine Mord zwischendurch. 52 üble Kurzkrimis. Bern, München, Wien: Scherz 1997. S. 134–136.

S. 22: Hebel, Johann Peter: Kannitverstan. In: J. P. Hebel: Werke 1. Erzählungen des Rheinländischen Hausfreundes. Vermischte Schriften. Hrsg. v. Eberhard Meckel. Frankfurt: Insel Verlag 1968. S. 51 ff.

S. 25: Kleist, Heinrich von: Michael Kohlhaas. In: H. v. Kleist: Sämtliche Erzählungen und andere Prosa. Stuttgart: Reclam 2004, S. 3 f.

S. 27: Kafka, Franz: Die Bäume. In: F. Kafka: Gesammelte Werke. Hrsg. v. Max Brod. Band Erzählungen. Frankfurt: Fischer 1983. S. 35.

S. 29: Kusenberg, Kurt: Schnell gelebt. In K. Kusenberg: Wein auf Lebenszeit. Die schönsten Geschichten. Herausgegeben von Barbara Kusenberg. Hamburg: Rowohlt 2004. S. 7 ff.

S. 32: Kabel, Walther: Ein Mann, der von Gift lebte. Zitiert nach: https://de.wikisource.org/wiki/Ein_Mann,_der_von_Gift_lebte (abgerufen am 14.2.2019)

S. 33: Imhoff-Pascha: „Bellen Sie!" Zitiert nach: https://de.wikisource.org/wiki/%E2%80%9EBellen_Sie!%E2%80%9C (abgerufen am 14.2.2019)

S. 35: Hoffmann E. T. A.: Vertrauen. In: E. T. A. Hoffmann: Sämtliche Werke, Band 6. Frankfurt: Deutscher Klassiker Verlag, 2004. S. 296.
Hebel, Johann Peter: Die Ohrfeige. In: J. P. Hebel: Werke 1. Erzählungen des Rheinländischen Hausfreundes. Vermischte Schriften. Hrsg. v. Eberhard Meckel. Frankfurt: Insel Verlag 1968. S. 243.

S. 37: Keller, Gottfried: Der Landvogt von Greifensee. In: G. Keller: Sämtliche Werke. Frankfurt, Zürich: Stroemfeld Verlag und Verlag Neue Zürcher Zeitung, 2000. S. 228 f.

S. 39: Luther, Martin: Von der Stadtmaus und der Feldmaus. Zitiert nach: http://gutenberg.spiegel.de/buch/drei-fabeln-9799/4 (abgerufen am 12.2.2019)

S. 41: Hebel, Johann Peter: Der kluge Sultan. In: J. P. Hebel: Werke 1. Erzählungen des Rheinländischen Hausfreundes. Vermischte Schriften. Hrsg. v. Eberhard Meckel. Frankfurt: Insel Verlag 1968. S. 11.

S. 43: Klabund: Hieronymus. Zitiert nach: http://gutenberg.spiegel.de/buch/zwolf-erzahlungen-2539/6 (abgerufen am 17.2.2019)

S. 45: Boccaccio, Giovanni: Ringparabel. In: G. Boccaccio: Das Dekameron. Übersetzt von Karl Witte. München 1964, S. 51–54.

S. 47: Franck, Julia: Streuselschnecke. In: J. Franck: Bauchlandung. Geschichten zum Anfassen. Köln: DuMont 2000. S. 51 f.

S. 50: Recheis, Käthe: Lena. Unser Dorf und der Krieg. München: dtv 2002. S. 111–115.

S. 53: Doyle, Arthur Conan: Im Zeichen der Vier. Zitiert nach: http://gutenberg.spiegel.de/buch/das-zeichen-der-vier-5971/2 (abgerufen am 14.2.2019)

S. 54: May, Karl: Der Schatz im Silbersee. Zitiert nach: https://www.karl-may-gesellschaft.de/kmg/primlit/jugend/silbers/kptl_1.htm (abgerufen am 14.2.2019)

S. 57: Brecht, Bertolt: Gerechtigkeitsgefühl. In. B. Brecht: Gesammelte Werke in 20 Bänden. Band 12. Prosa 2. Frankfurt: Suhrkamp 1967. S. 399.

S. 58: Kleist, Heinrich von: Sonderbarer Rechtsfall in England. In: H. v. Kleist: Sämtliche Erzählungen und andere Prosa. Stuttgart: Reclam 2004, S. 327 f.

S. 60: Kunert, Günter: Mann über Bord. In: G. Kunert: *Tagträume*. Kurzprosa. München: Hanser 1964.

S. 62: Zimmermann, Tanja: Eifersucht. In: Total verknallt. Ein Liebeslesebuch. Hrsg. v. Marion Bolte u.a. Hamburg: Rowohlt 1984. S. 119.

S. 64: Hohler, Franz: Morgen im Spital. In: Ein eigenartiger Tag. Ein Lesebuch. Darmstadt, Neuwied: Luchterhand 1979. S. 34.

S. 66: Kabel, Walther: Die dummen gothaischen Hasen. Zitiert nach: https://de.wikisource.org/wiki/Die_dummen_gothaischen_Hasen (abgerufen am 18.2.2019)

S. 68: Treichel, Hans-Ulrich: Der Verlorene. Frankfurt: Suhrkamp 1999. S. 38–42 (Ausschnitte).

Quellenverzeichnis

S. 70: Kaschnitz, Marie Luise: Das letzte Buch. In: M. L. Kaschnitz: Steht noch dahin. Neue Prosa. Frankfurt: Insel Verlag 1970.
S. 72: Schulz, Hermann: Flucht durch den Winter. München: Piper 2004, S. 87–91.
S. 75: Kurt Kusenberg: Nihilit. In K. Kusenberg: Wein auf Lebenszeit. Die schönsten Geschichten. Herausgegeben von Barbara Kusenberg. Hamburg: Rowohlt 2004. S. 103 ff.
S. 78: Maiwald, Peter: Der Faden. In: P. Maiwald: Das Gutenbergsche Völkchen. Kalendergeschichten. Frankfurt: Fischer 1990. S. 124.
S. 80: Ringelnatz, Joachim: Kuttel Daddeldu erzählt das Märchen vom Rotkäppchen. Zitiert nach: http://gutenberg.spiegel.de/buch/erzahlungen-2718/7 (abgerufen am 18.2.2019)
S. 82: Dörrie, Doris: Es gibt da eine kleine Ente … In: Kurz und bündig. Die schnellsten Geschichten der Welt. Hrsg. von Daniel Kampa. Zürich: Diogenes 2007. S. 57 ff.
S. 83: Seghers, Anna: Zwei Denkmäler. In: Atlas. Zusammengestellt von deutschen Autoren. Berlin: Wagenbach 1965. S. 221 f.
S. 85: Kleist, Heinrich von: Charité-Vorfall. In: H. v. Kleist: Sämtliche Erzählungen und andere Prosa. Stuttgart: Reclam 2004, S. 308 f.
S. 87: Hohler. Franz: Der Verkäufer und der Elch. In: Ein eigenartiger Tag. Ein Lesebuch. Darmstadt, Neuwied: Luchterhand 1979. S. 74.
S. 89: Kunze, Reiner: Ordnung. In: R. Kunze: Die wunderbaren Jahre. Frankfurt: Fischer 1978. S. 36.
S. 90: Hebel, Johann Peter: Der Barbierjunge von Segringen. In: J. P. Hebel: Werke 1. Erzählungen des Rheinländischen Hausfreundes. Vermischte Schriften. Hrsg. v. Eberhard Meckel. Frankfurt: Insel Verlag 1968. S. 60 f.

Bildquellen

S. 10: Bild G. Keller: Gemeinfrei, https://commons.wikimedia.org/w/index.php?curid=378033
S. 28: Bild F. Kafka: Von anonymous (the author never disclosed his identity); as much is indicated by omission of reference in 1958's Archiv Frans Wagenbach. – http://www.tkinter.smig.net/Stuff/Kafka/index.htm, Gemeinfrei, https://commons.wikimedia.org/w/index.php?curid=4104699
S. 44: Bild Klabund: Von Bundesarchiv, Bild 102-06394 / Georg Pahl / CC-BY-SA 3.0, CC BY-SA 3.0 de, https://commons.wikimedia.org/w/index.php?curid=5479888
S. 81: Selbstbildnis Ringelnatz: https://commons.wikimedia.org/wiki/File:Querschnittringelnatz.jpg (abgerufen am 18.9.2109)
S. 84: Bild Anna Seghers: Von Bundesarchiv, Bild 183-F0114-0204-003 / Hochneder, Christa / CC BY-SA 3.0 DE, CC BY-SA 3.0 de, https://commons.wikimedia.org/w/index.php?curid=9582219

Register

Register

Aufgeführt sind literarische Fachbegriffe sowie sprachlich-grammatische Termini, sofern sie für die Jahrgangsstufen didaktisch von Bedeutung sind. Angegeben sind jeweils die Arbeitsblätter samt den entsprechenden Lehrkrafthinweisen („27" bedeutet also nicht Seite 27, sondern dass der Begriff entweder auf AB 27 oder auf den Lehrkrafthinweisen zum AB 27 zu finden ist.

Abenteuererzählung 22
Alltagssprache 26
Anekdote 12, 13, 16, 24, 28, 37
Anredepronomen 38
Antithese 10
Aphorismus 13
Aufzählung 27, 29

Bericht 2, 11
Beschreibung 2
Bild, sprachliches 9, 33
Bildebene 18

Charakterisierung, direkte 14, 31
Charakterisierung, indirekte 14, 31

Darstellungsform 2, 19, 37
Dialekt 34
Dingsymbol 8

Ellipse 27
Erzählform 1, 19, 26, 29, 37
Erzählen, faktuales 36
Erzählung 5
Erzähltextaufbau 6, 7, 20, 22, 26, 31
Erzählverhalten 1, 6, 10, 16, 19, 22, 25, 29, 37
Erzählzeit 4

Fabel 15, 16
Figurencharakteristik 8, 14, 15, 19, 22, 31, 32, 39
Figurenrede 3
Funktionsverbgefüge 10

Handlung, äußere 6
Handlung, innere 6, 7

Ironie 17

Kalendergeschichte 7, 12, 16, 33, 40
Kommentar 2, 7, 14, 40
Komposita 29
Kriminalerzählung 6, 21
Kurzgeschichte 1, 3, 4, 6, 10, 18, 25, 26, 35, 39
Kürzestgeschichte 13, 27

Legende 17
Lügengeschichte 13, 32

Märchen 34
Metapher 9, 10, 27,
Monolog, innerer 1, 3, 25, 26, 35
Motiv 14

Novelle 2, 8, 154,

Parabel 18, 23, 32
Parodie 34
Passiv 27
Perspektive 1, 6
Phraseologismus 33
Pointe 12, 13, 26, 28, 38
Prosaskizze 9, 30

Raumgestaltung 5
Rede, direkte 2, 3, 25, 26, 31, 37
Rede, indirekte 2, 3, 37

Roman 20, 21, 29, 31
Rückblende 4, 31

Sachebene 18
Sage 11, 17
Schauplatz 5
Schwank 13, 14, 16
Sprichwort 38
Stilebene 25
Stimmungsraum 5
Stoff 2, 20
Symbol 8
Symbolraum 5

Tempora 27

Übertreibung 10, 34
Umgangssprache 4
Urban Legend 11

Vergleich 9, 27

Wiederholung 4, 29
Witz 13, 16

Zeit, erzählte 4
Zeitdehnung 10, 31
Zeitgestaltung 4, 10, 19, 22, 29
Zeitraffung 10, 19, 29, 31

Jederzeit optimal vorbereitet in den Unterricht?

» Lehrerbüro!

Hier finden Sie alle Unterrichtsmaterialien

der Verlage Auer, AOL-Verlag und PERSEN

immer und überall online verfügbar.

lehrerbuero.de
Jetzt kostenlos testen!

Das **Online-Portal** für Unterricht und Schulalltag!